Sous Vide 2023

Een Kookboek vol Innovatieve Gerechten voor de Moderne Keuken

Hendrik Verbeek

Inhoudsopgave

Koriander Knoflook Rosbief 9
Rundvlees rib-eye steak 11
Biefstuk in traditionele Franse stijl 13
Chipotle Biefstuk Koffie Rub 15
Perfecte gebraden biefstuk 17
Chili Ossenhaas 18
Tamaristeak met roerei 20
Heerlijke Mediterrane gehaktballen 22
Gevulde paprika's 24
Gevulde rundvleesburgers in Franse stijl 26
Heerlijke gerookte runderborst 28
Dijon & Curry Ketchup Rundvlees Worsten 30
Soja Knoflook Tri-Tip Steak 31
Gemarineerde runderribben in Koreaanse stijl 32
Caribische Chili Steak Taco's 34
Heerlijke shortribs met BBQ saus 36
Pittige Ossenhaas 38
Biefstuk met kruidenrok 40
Chili Rundvlees Gehaktballen 42
Jalapeno Tomaat Rib Roast 44
Griekse gehaktballen met yoghurtsaus 45
Chili gebakken filet 47
BBQ-borststuk 49
Entrecote met champignonroomsaus 50

Entrecote met korst van selderijkruiden ... 52
Biefstuk met sjalotjes en peterselie ... 54
Versnipperd gegrild gebraad ... 55
Gewone cornedbeef ... 56
In het vuur geroosterde tomatenfilet ... 57
Entrecote met bietenpuree ... 58
Flankbiefstuk met geroosterde tomaten ... 59
Rundvlees perensteak ... 61
Rundsschouder met champignons ... 62
Champignons gevuld met tomaten ... 64
Klassieke runderstoofpot ... 66
Knoflook hamburgers ... 68
stoofpotje van rundergehakt ... 70
Ossenhaas in tomatensaus ... 72
Rundvlees met uien ... 74
Knoflook prime-ribs ... 76
Ossenhaas met baby worteltjes ... 77
Runderribbetjes met rode wijn ... 79
Rundvlees paprika's ... 81
Rundvlees stroganoff ... 82
Beef Bites Met Teriyaki Saus En Zaden ... 84
Citroen en gepeperde zijsteak ... 86
Stoofpotje van Rundvlees en Groente ... 88
Pittige biefstuk ... 90
Worcestershire Gehaktbrood ... 91
Dronken biefstuk ... 93
Heerlijke Cheese Steak Roll ... 94

Honing Dijon-borststuk 96
Rozemarijn Ribeye Stoofpot 98
Goddelijke rosbief met puree van zoete aardappelen 100
Rundvleespastei met champignons 101
Klassieke cheeseburgers 103
Rib-eye pasta met bloemkool 104
Kimchi Rib Eye Taco's Met Avocado 106
Makkelijk te bereiden filet met cayennesaus 108
Lever Met Knoflook 110
Romige Kalfsvlees Marsala 112
Kalfskoteletten van witte wijn en champignons 114
Zoete Worst & Druiven 116
Zoete spareribs met mango-sojasaus 117
Zoete karbonades & courgette met amandelen 119
Varkenskarbonades met paprika en mais roerbak 121
Romige cognac varkenslende 123
Tomatenvarkenspoot met wortelen 125
Varkenskarbonade met gekruide koffiesaus 127
Pittige filet 128
Pittige varkenskarbonades met champignons 129
Pancetta & Crème Van Maïs Soep 131
Komijn Knoflook Varkensvlees Kabobs 133
Geweldige karbonades met balsamico glazuur 135
Rode kool & aardappelen met worst 137
Varkenshaasje met amandelen 139
Heerlijk varkensvlees in salsa verde 141
Pittige Kokos Varkensribbetjes 143

Sappige BBQ babyribbetjes	145
Knoflook Varkensfilet	147
Pittige varkensfilet met tijm en knoflook	148
Varkenshaasjes met champignonsaus	150
Zoete appelworstjes	152
Zoete Sinaasappel Taco's	153
Mexicaanse Carnitas van Varkensvlees met Salsa Roja	155
Chili Kip & Chorizo Taco's Met Kaas	157
kip met groenten	159
Gemakkelijk Pittige Honing Kip	161
Klassieke Kip Cordon Bleu	163
Krokante Zelfgemaakte Gebraden Kip	165
Pittige kipfilet	167
Pittige Gember Chili Kip Sla Wraps	169
Smaakvolle Citroen Kipfilet	171
Mosterd Knoflook Kip	173
hele kip	174
Heerlijke kippenvleugels met buffelsaus	175
Heerlijke kipdrumsticks met zoete limoensaus	176
Kipfilet Met Cajun Saus	178
Sriracha Kipfilet	179
Peterselie kip met kerriesaus	180
Kippenborst Met Parmezaanse Kaas	181
Gehakt Met Tomaten	183
Stoofpotje van kip met champignons	184
Makkelijkste niet-gebraden kipfilet	186
Oranje kippenboutjes	187

Tijm Kip Met Citroen	189
Peper Kip Salade	190
hele kip	192
Makkelijk pittige kippendijen	194
Buffalo kippenvleugels	195
Gehakte Kippasteitjes	197
Kippendijen met wortelpuree	198
Citroenkip met munt	200
Kip Met Kersenjam	201
Zoet Pittige Kippenpoten	202
gevulde kipfilet	204
Lekkere kip	206
Mediterrane kippendijen	208
Kipfilet Met Harissa Saus	209
Knoflook Kip Met Champignons	210
Kippendijen met kruiden	212
Kippenpudding met artisjokharten	214
Amandel Butternut Squash & Kip Salade	216
Salade van kip en walnoten	218

Koriander Knoflook Rosbief

Bereidings- en kooktijd: 24 uur 30 minuten | Porties: 8

Ingrediënten

4 el olijfolie

2 pond rundervoer

Zout en zwarte peper naar smaak

1 tl tijm

1 tl koriander

1 kop sojasaus

½ kopje vers geperst citroensap

½ kopje vers geperst sinaasappelsap

½ kopje Worcestershire-saus

¼ kopje gele mosterd

3 teentjes knoflook, gehakt

routebeschrijving

Zet een waterbad klaar en doe de sous vide erin. Ingesteld op 141F. Maak het gebraad klaar en bind het vast met slagerstouw. Kruid met peper, zout, tijm en koriander.

Zet een gietijzeren braadpan op hoog vuur. Bestrijk ondertussen het gebraad met 2 eetlepels olijfolie met een zachte borstel. Leg het vlees in de pan en schroei aan beide kanten 1 minuut dicht. Combineer worcestershiresaus, mosterd, knoflook, sojasaus, citroen- en sinaasappelsap in een kom.

Doe het vlees in een vacuümzak, meng met de eerder bereide marinade en sluit de zak met de waterverdringingsmethode. Kook 24 uur in een waterbad.

Als je klaar bent, open je de zak en giet je de vloeistof in een kleine steelpan. Kook op hoog vuur gedurende 10 minuten tot de helft van het volume.

Voeg 2 eetlepels olijfolie toe en verwarm de gietijzeren koekenpan op hoog vuur. Voeg het vlees voorzichtig toe aan de pan en schroei een minuut aan elke kant. Haal het gebraad uit de pan en laat het ongeveer 5 minuten afkoelen. Snijd in plakjes en giet de saus erover.

Rundvlees rib-eye steak

Bereidings- en kooktijd: 1 uur 40 minuten | Porties: 2

Ingrediënten

1 el boter

1 pond rib-eye steak

Zout en zwarte peper naar smaak

½ tl knoflookpoeder

½ tl uienpoeder

½ tl tijm

routebeschrijving

Zet een waterbad klaar en doe de sous vide erin. Aanpassen aan 134F.

Wrijf beide kanten van het vlees in met zout, peper, tijm, ui en knoflookpoeder. Duw in stukken in vacuümzak en voeg boter toe. Gebruik de waterverplaatsingsmethode om de zak af te sluiten en in het waterbad te plaatsen. Kook 90 minuten.

Als je klaar bent, verwijder je het kookvocht en haal je de biefstuk uit de zak en dep je hem droog met een theedoek. Verhit een gietijzeren koekenpan op hoog vuur. Schroei de steak 1 minuut per kant dicht. Als je klaar bent, laat je het 5 minuten afkoelen voordat je het aansnijdt.

Biefstuk in traditionele Franse stijl

Bereidings- en kooktijd: 2 uur 25 minuten | Porties: 5

Ingrediënten

4 eetlepels boter

2 pond biefstuk

Zout en zwarte peper naar smaak

1 sjalot, gesnipperd

2 takjes verse salie

1 vers takje rozemarijn

routebeschrijving

Zet een waterbad klaar en doe de sous vide erin. Aanpassen aan 134F.

Smelt 2 eetlepels boter in een grote gietijzeren koekenpan op hoog vuur. Leg de entrecote in de pan en schroei elke kant 30 tot 45 seconden dicht. Zet het vlees opzij. Voeg sjalot, salie en rozemarijn toe. Roer de boter en kruiden erdoor. Kook tot lichtgroen en zacht, ongeveer 1-2 minuten.

Schuif de entrecote in een vacuümzak, voeg eerder gemengde kruiden toe en sluit de zak met behulp van de waterverdringingsmethode. Kook gedurende 2 uur.

Als je klaar bent, verwijder je het vlees en gooi je het kookvocht weg. Leg de entrecote op een bord bekleed met keukenpapier of een bakplaat.

Verhit een gietijzeren koekenpan op hoog vuur en voeg 2 eetlepels boter toe. Als de boter bruist, leg je de biefstuk terug en schroei je hem 2 minuten aan elke kant dicht. Zet het vuur uit en laat de entrecôte ongeveer 5 minuten staan. Snijd tenslotte in kleine stukjes. Het lekkerst met groenten en aardappelen.

Chipotle Biefstuk Koffie Rub

Bereidings- en kooktijd: 1 uur 55 minuten | Porties: 4

Ingrediënten

1 el olijfolie

2 el boter

1 eetlepel suiker

Zout en zwarte peper naar smaak

1 el koffiedik

1 el knoflookpoeder

1 el uienpoeder

1 eetlepel chipotlepoeder

4 stripsteaks

routebeschrijving

Zet een waterbad klaar en doe de sous vide erin. Ingesteld op 130F. Combineer bruine suiker, zout, peper, koffiedik, ui, knoflookpoeder en paprikapoeder in een kleine kom. Leg de steaks op het eerder gereinigde oppervlak en bestrijk ze lichtjes met olijfolie. Doe de steaks in aparte vacuümzakken. Sluit de zakken vervolgens af met behulp van de waterverplaatsingsmethode. Plaats in het waterbad en kook gedurende 1 uur en 30 minuten.

Als je klaar bent, verwijder je de steaks en gooi je de vloeistof weg. Leg de steaks op een bord bekleed met keukenpapier of een bakplaat. Verhit een gietijzeren koekenpan op hoog vuur en voeg boter toe. Als de boter bruist, doe je de filet terug in de pan en schroei je aan elke kant 1 minuut dicht. Laat 2-3 minuten afkoelen en snij in plakjes om te serveren.

Perfecte gebraden biefstuk

Bereidings- en kooktijd: 20 uur 20 minuten | Porties: 4

Ingrediënten

4 el sesamolie

4 malse rosbiefsteaks

1 tl knoflookpoeder

1 tl uienpoeder

1 tl gedroogde peterselie

Zout en zwarte peper naar smaak

routebeschrijving

Zet een waterbad klaar en doe de sous vide erin. Aanpassen aan 130F.

Verhit de sesamolie in een koekenpan op hoog vuur en schroei de steaks 1 minuut per kant dicht. Zet opzij en laat afkoelen. Meng het knoflookpoeder, uienpoeder, peterselie, zout en peper door elkaar.

Wrijf de steaks in met het mengsel en doe ze in een vacuümzak. Laat leeglopen door de waterverplaatsingsmethode, sluit de zak en dompel hem onder in het waterbad. 20 uur koken. Nadat de timer is verstreken, verwijdert u de steaks en dept u ze droog met keukenpapier. Gooi het kookvocht weg.

Chili Ossenhaas

Bereidings- en kooktijd: 3 uur 20 minuten | Porties: 4

Ingrediënten

2 eetlepels ghee

2 ¼ pond ossenhaas

Zout en zwarte peper naar smaak

1 el chili-olie

2 theelepels gedroogde tijm

1 tl knoflookpoeder

½ tl uienpoeder

½ tl cayennepeper

routebeschrijving

Zet een waterbad klaar en doe de sous vide erin. Aanpassen aan 134F. Kruid de filet met peper en zout. Meng chili-olie, tijm, knoflookpoeder, uienpoeder en cayennepeper. Verdeel het mengsel over de filet. Doe de filet in een vacuümzak. Laat leeglopen door de waterverplaatsingsmethode, sluit de zak en dompel hem onder in het waterbad. 3 uur koken.

Als de tijd om is, haal je de filet eruit en dep je hem droog met keukenpapier. Verhit de ghee in een pan op hoog vuur en schroei de filet 45 seconden per kant dicht. Zet opzij en laat 5 minuten rusten. Snijd en serveer.

Tamaristeak met roerei

Bereidings- en kooktijd: 1 uur 55 minuten | Porties: 4

Ingrediënten

¼ kopje melk

1 kop tamarisaus

½ kopje bruine suiker

⅓ kopje olijfolie

4 teentjes knoflook, gehakt

1 tl uienpoeder

Zout en zwarte peper naar smaak

2 ½ pond biefstuk

4 eieren

routebeschrijving

Zet een waterbad klaar en doe de sous vide erin. Ingesteld op 130F. Combineer de tamarisaus, bruine suiker, olijfolie, uienpoeder, knoflook, zeezout en peper. Doe de biefstuk in een vacuümzak met het mengsel. Laat leeglopen door de waterverplaatsingsmethode, sluit de zak en dompel hem onder in het waterbad. Kook gedurende 1 uur en 30 minuten.

Meng eieren, melk en zout in een kom. Goed mengen. Roer de eieren in een koekenpan op middelhoog vuur. Aan de kant zetten. Zodra de timer is gestopt, verwijder je de biefstuk en dep je hem droog. Verhit een koekenpan op hoog vuur en schroei de steak 30 seconden per kant dicht. Snijd in kleine reepjes. Serveer met de scrambled eggs.

Heerlijke Mediterrane gehaktballen

Bereidings- en kooktijd: 1 uur 55 minuten | Porties: 4

Ingrediënten

1 pond rundergehakt

½ kopje paneermeel

¼ kopje melk

1 ei, losgeklopt

2 el gehakte verse basilicum

1 teentje knoflook, gehakt

1 theelepel zout

½ tl gedroogde basilicum

1 el sesamolie

routebeschrijving

Zet een waterbad klaar en doe de sous vide erin. Aanpassen aan 141F. Combineer rundvlees, paneermeel, melk, ei, basilicum, knoflook, zout en basilicum en vorm 14-16 gehaktballen. Doe 6 gehaktballetjes in een vacumeerzak. Laat leeglopen door de waterverplaatsingsmethode, sluit de zakken en dompel ze onder in het waterbad. Kook 90 minuten. Verhit de olie in een pan op middelhoog vuur. Zodra de timer is gestopt, verwijder je de gehaktballetjes en voeg je ze toe aan de pan en schroei je ze 4-5 minuten dicht. Gooi het kookvocht weg. Toeslag.

Gevulde paprika's

Bereidings- en kooktijd: 2 uur 35 minuten | Porties: 6

Ingrediënten:

6 middelgrote paprika's
1 pond mager rundergehakt
1 middelgrote ui, fijngehakt
1 middelgrote tomaat, gehakt
½ tl cayennepeper, gemalen
3 eetlepels extra vergine olijfolie
Zout en zwarte peper naar smaak

routebeschrijving:

Bereid een waterbad voor, doe er sous vide in en zet het op 180 F. Snijd het steeluiteinde van elke paprika af en verwijder de zaadjes. Spoel af en zet opzij.

Meng in een grote kom het rundergehakt, ui, tomaat, cayennepeper, olijfolie, zout en peper. Voeg het gehaktmengsel toe aan de paprika's.

Leg voorzichtig 1 of 2 paprika's in elke vacumeerzak en sluit de zak. Dompel de zakken onder in het waterbad en kook gedurende 1 uur en 20 minuten. Zodra de timer is gestopt, verwijdert u de zakken, opent u ze en zet u ze ongeveer 10 minuten in de koelkast voordat u ze serveert.

Gevulde rundvleesburgers in Franse stijl

Bereidings- en kooktijd: 50 minuten | Porties: 5

Ingrediënten

1 ei

1 pond rundergehakt

3 lente-uitjes, gesnipperd

2 theelepels worcestershiresaus

2 tl sojasaus

Zout en zwarte peper naar smaak

5 plakjes camembertkaas

5 burgerbroodjes

blaadjes ijsbergsla

5 plakjes tomaat

routebeschrijving

Zet een waterbad klaar en doe de sous vide erin. Aanpassen aan 134F. Meng het rundvlees, de ui, het ei en de sojasaus met je handen en breng op smaak met zout en peper. Vorm 8 burgers van het mengsel. Leg 1 cheddarplakje in het midden van elk pasteitje en plaats een ander pasteitje bovenop de cheddar. Combineer goed om een enkel pasteitje te maken.

Doe de kaaspasteitjes in vier vacumeerzakken. Laat leeglopen door de waterverplaatsingsmethode, sluit de zakken en dompel ze onder in het waterbad. Kook 30 minuten.

Als de tijd om is, haal je de pasteitjes eruit en dep je ze droog met keukenpapier. Gooi het kookvocht weg. Verhit een koekenpan op hoog vuur en schroei de pasteitjes 1 minuut per kant dicht. Leg de hamburgers op de toastbroodjes. Garneer met sla en tomaat.

Heerlijke gerookte runderborst

Bereid- en kooktijd: 33 uur 50 minuten | Porties: 8)

Ingrediënten

¼ tl vloeibare hickory-rook

8 eetlepels honing

Zout en zwarte peper naar smaak

1 tl chilipoeder

1 tl gedroogde peterselie

1 tl knoflookpoeder

1 tl uienpoeder

½ tl gemalen komijn

4 pond borst

routebeschrijving

Zet een waterbad klaar en doe de sous vide erin. Aanpassen aan 156F.

Combineer honing, zout, peper, chilipoeder, peterselie, ui en knoflookpoeder en komijn. Bewaar 1/4 van het mengsel. Bestrijk de borst met het mengsel.

Doe het borststuk met de vloeibare rook in een grote vacuümzak. Laat leeglopen door de waterverplaatsingsmethode, sluit de zak en dompel hem onder in het waterbad. 30 uur koken. Zodra de timer is gestopt, verwijdert u de zak en laat u deze 1 uur afkoelen.

Verwarm de oven voor op 300 F.

Dep de borst droog met keukenpapier en bestrijk met de achtergehouden saus. Gooi het kookvocht weg. Leg het borststuk op een bakplaat, plaats in de oven en braad gedurende 2 uur.

Als de tijd om is, verwijder je het borststuk en dek je het af met aluminiumfolie gedurende 40 minuten. Serveer met gebakken bonen, vers brood en boter.

Dijon & Curry Ketchup Rundvlees Worsten

Bereidings- en kooktijd: 1 uur 45 minuten | Porties: 4

Ingrediënten

½ kopje Dijon-mosterd
4 runderworsten
½ kopje curryketchup

routebeschrijving

Zet een waterbad klaar en doe de sous vide erin. Aanpassen aan 134F.

Doe de worstjes in een vacuümzak. Laat leeglopen door de waterverplaatsingsmethode, sluit de zak en dompel hem onder in het waterbad. Kook 90 minuten. Zodra de timer is gestopt, verwijdert u de worsten en legt u ze op een grill met hoge temperatuur. Laat 1-3 minuten bakken tot er grillstrepen verschijnen. Serveer met mosterd en curryketchup.

Soja Knoflook Tri-Tip Steak

Bereidings- en kooktijd: 2 uur 5 minuten | Porties: 2

Ingrediënten:

1 ½ pond tri-tip steak

Zout en zwarte peper naar smaak

2 el sojasaus

6 teentjes knoflook, voorgeroosterd en geplet

routebeschrijving:

Maak een waterbad, doe er sous vide in en zet het op 130 F. Kruid de biefstuk met peper en zout en doe in een vacumeerzak. Voeg de sojasaus toe. Laat leeglopen door middel van waterverplaatsing en verzegel de zak. Dompel onder in het waterbad en stel de timer in op 2 uur.

Zodra de timer is gestopt, verwijdert u het zakje en maakt u de sluiting los. Verhit een gietijzeren pan op hoog vuur, leg de biefstuk erin en schroei deze 2 minuten aan elke kant dicht. Snijd en serveer in een salade.

Gemarineerde runderribben in Koreaanse stijl

Bereidings- en kooktijd: 5 uur 20 minuten | Porties: 5

Ingrediënten

2 eetlepels koolzaadolie

3 pond runderribben

Zout en zwarte peper naar smaak

½ kopje) suiker

½ kopje sojasaus

¼ kopje appelazijn

¼ kopje sinaasappelsap

2 el gehakte knoflook

1 tl rode pepervlokken

¼ kopje gehakte bieslook

¼ kopje sesam

routebeschrijving

Zet een waterbad klaar en doe de sous vide erin. Aanpassen aan 141F. Kruid de ribben met peper en zout. Combineer de bruine suiker, sojasaus, azijn, sinaasappelsap, koolzaadolie, knoflook en rode pepervlokken. Doe de spareribs in twee vacuümzakken met de sinaasappelsaus. Laat leeglopen door de waterverplaatsingsmethode. Zet 2 uur in de koelkast. Sluit de zakken en dompel ze onder in het waterbad. 3 uur koken.

Caribische Chili Steak Taco's

Klaar in ongeveer 2 uur 10 minuten | Porties: 4

Ingrediënten

1 el koolzaadolie

2 pond zijsteak

Zout en zwarte peper naar smaak

1 tl knoflookpoeder

2 tl limoensap

schil van 1 limoen

Zest en sap van 1 sinaasappel

1 tl rode pepervlokken

1 teentje knoflook, gehakt

1 el boter

12 maïstortilla's

1 kop rode kool, in plakjes

Pico de gallo, om te serveren

zure room om te serveren

4 serranopepers, in plakjes

routebeschrijving

Zet een waterbad klaar en doe de sous vide erin. Aanpassen aan 130F. Kruid de biefstuk met zout, peper en knoflookpoeder.

Combineer limoensap en -schil, sinaasappelsap en -schil, rode pepervlokken en knoflook. Doe de biefstuk en saus in een vacuümzak. Laat leeglopen door de waterverplaatsingsmethode. Zet 30 minuten in de koelkast. Sluit af en dompel onder in een waterbad. Kook 90 minuten.

Als de timer is afgelopen, haal je de biefstuk eruit en dep je hem droog met keukenpapier. Verhit de olie en boter in een pan op hoog vuur en schroei de biefstuk 1 minuut dicht. Snijd de biefstuk in plakjes. Vul de tortilla met de biefstuk. Garneer met kool, pico de gallo, zure room en serrano.

Heerlijke shortribs met BBQ saus

Voorbereiding en kooktijd: 12 uur 15 minuten | Porties: 6

Ingrediënten

2 el boter

1½ pond runderribbetjes

Zout en zwarte peper naar smaak

3 eetlepels geroosterde sesamolie

1½ kopje barbecuesaus

10 teentjes knoflook, geplet

3 eetlepels champagneazijn

2 eetlepels gehakte verse gember

⅛ kopje gehakte groene uien

⅛ kopje sesamzaadjes

routebeschrijving

Zet een waterbad klaar en doe de sous vide erin. Aanpassen aan 186F. Kruid de ribben met peper en zout. Verhit sesamolie in een koekenpan op hoog vuur en schroei elke ribbe 1 minuut per kant dicht. Combineer de BBQ-saus, knoflook, azijn en gember. Doe drie ribben in een vacumeerzak met de BBQ-saus. Laat leeglopen door de waterverplaatsingsmethode, sluit de zak en dompel hem onder in het waterbad. Kook 12 uur.

Als de tijd om is, verwijder je de ribben en dep je ze droog met keukenpapier. Verhit een pan op middelhoog vuur en giet het kookvocht erin. Bak 4-5 minuten tot het plakkerig is. Verhit de boter in een koekenpan op hoog vuur en schroei de ribben 1 minuut per kant dicht. Werk af met de barbecuesaus. Garneer met lente-uitjes en sesamzaadjes.

Pittige Ossenhaas

Bereidings- en kooktijd: 1 uur 50 minuten | Porties: 6

Ingrediënten

2 el olijfolie

3 pond ossenhaas, in reepjes gesneden

Zout en zwarte peper naar smaak

2 el witte wijnazijn

½ el vers geperst citroensap

1 tl piment

½ el knoflookpoeder

1 ui, gesnipperd

1 tomaat, in stukjes

2 teentjes knoflook, gehakt

2 el sojasaus

4 kopjes gekookte quinoa

routebeschrijving

Zet een waterbad klaar en doe de sous vide erin. Aanpassen aan 134F. Kruid de rosbief met zout en peper. Meng 1 eetlepel olijfolie, witte wijnazijn, citroensap, piment en knoflookpoeder.

Meng de rosbief met de marinade en doe in een vacuümzak. Laat leeglopen door de waterverplaatsingsmethode, sluit de zak en dompel hem onder in het waterbad. Kook gedurende 1 uur en 30 minuten.

Verhit ondertussen de olijfolie in een pan op middelhoog vuur en roer de ui, tomaat, knoflook en sojasaus erdoor. Laat 5 minuten koken tot de tomaat zacht wordt. Aan de kant zetten.

Haal als de tijd om is de rosbief eruit en dep droog met keukenpapier. Bewaar de kooksappen. Verhit een pan op hoog vuur en bak 1-2 minuten.

Combineer het kookvocht met het tomatenmengsel. Laat 4-5 minuten koken tot het kookt. Voeg de ossenhaas toe en roer nog 2 minuten. Serveer met quinoa.

Biefstuk met kruidenrok

Bereidings- en kooktijd: 3 uur 20 minuten | Porties: 6

Ingrediënten

2 el boter

3 pond biefstuk

2 el extra vergine olie

1½ tl knoflookpoeder

Zout en zwarte peper naar smaak

¼ tl uienpoeder

¼ tl cayennepeper

¼ tl gedroogde peterselie

¼ tl gedroogde salie

¼ tl gemalen gedroogde rozemarijn

routebeschrijving

Zet een waterbad klaar en doe de sous vide erin. Aanpassen aan 134F. Bestrijk de biefstuk met olijfolie.

Meng de knoflookpoeder, zout, peper, uienpoeder, cayennepeper, peterselie, salie en rozemarijn door elkaar. Wrijf de biefstuk in met het mengsel.

Doe de steak in een grote vacumeerzak. Laat leeglopen door de waterverplaatsingsmethode, sluit de zak en dompel hem onder in het waterbad. 3 uur koken.

Als de timer is gestopt, haal je de biefstuk eruit en dep je hem droog met een theedoek. Verhit de boter in een pan op hoog vuur en schroei de biefstuk 2-3 minuten aan alle kanten dicht. Laat 5 minuten rusten en snijd om te serveren.

Chili Rundvlees Gehaktballen

Bereidings- en kooktijd: 55 minuten | Porties: 3

Ingrediënten:

1 pond mager rundergehakt

2 eetlepels bloem voor alle doeleinden

¼ kopje melk

½ tl versgemalen zwarte peper

¼ tl Spaanse peper

3 teentjes knoflook, geperst

1 tl olijfolie

1 theelepel zout

½ kopje bleekselderij, fijngehakt

routebeschrijving:

Bereid een waterbad voor, doe er sous vide in en zet het op 136 F.

Meng in een grote kom het rundergehakt, de bloem, de melk, de zwarte peper, de chili, de knoflook, het zout en de selderij. Meng met je handen tot alle ingrediënten goed gemengd zijn. Vorm er hapklare balletjes van en doe ze in een enkele laag in een grote vacuümzak.

Dompel de afgesloten zak onder in het waterbad en kook gedurende 50 minuten. Haal de gehaktballetjes uit de zak en dep ze droog. Braad de gehaktballetjes in de olijfolie in een middelhoge pan aan alle kanten bruin.

Jalapeno Tomaat Rib Roast

Bereidings- en kooktijd: 1 uur 40 minuten | Porties: 4

Ingrediënten:

3 lb rekken met runderribben, in 2 stukken gesneden
Zout en zwarte peper naar smaak
½ kopje jalapeno-tomatenmix
½ kopje barbecuesaus

routebeschrijving:

Maak een waterbad, doe er sous vide in en zet het op 140 F. Kruid de ribeye met peper en zout. Doe in een vacuümzak, laat leeglopen en sluit af. Plaats in een waterbad en stel de tijd in gedurende 1 uur. Zodra de timer is gestopt, opent u het zakje. Meng de resterende ingrediënten. Laat 30 minuten afkoelen.

Verwarm ondertussen een grill voor op middelhoog vuur. Bestrijk de ribben met de jalapenosaus en leg ze op de grill. Bak aan alle kanten gedurende 2 minuten.

Griekse gehaktballen met yoghurtsaus

Bereidings- en kooktijd: 1 uur 10 minuten | Porties: 4

Ingrediënten:

1 pond mager rundergehakt

¼ kopje paneermeel

1 groot ei, losgeklopt

2 theelepels verse peterselie

Zeezout en zwarte peper naar smaak

3 eetlepels extra vergine olijfolie

yoghurtsaus:

6 ons Griekse yoghurt

1 eetlepel extra vergine olijfolie

Verse dille

Citroensap van 1 citroen

1 teentje knoflook, gehakt

Zout naar smaak

routebeschrijving:

Begin met het bereiden van de yoghurtsaus. Meng alle sausingrediënten in een middelgrote kom, dek af en zet 1 uur in de koelkast.

Bereid nu een waterbad voor, doe er sous vide in en zet het op 141 F. Doe het vlees in een grote kom. Voeg het losgeklopte ei, paneermeel, verse peterselie, zout en peper toe. Combineer de ingrediënten grondig met elkaar. Vorm er hapklare balletjes van en doe ze in een enkele laag in een grote vacuümzak. Sluit de zak en kook in een waterbad gedurende 1 uur. Haal voorzichtig met een schuimspaan uit de zak en gooi het kookvocht weg.

Schroei de gehaktballetjes in een matig hete koekenpan met olijfolie tot ze bruin zijn, 2-3 minuten per kant. Vul aan met yoghurtsaus en serveer.

Chili gebakken filet

Bereidings- en kooktijd: 2 uur 45 minuten | Porties: 5

Ingrediënten

2 el honing

3 pond filet

2 el olijfolie

Zout en zwarte peper naar smaak

2 el uienpoeder

2 el knoflookpoeder

1 eetl paprika

2 tl gerookte serrano chilipoeder

1 tl gedroogde salie

1 tl nootmuskaat

1 tl gemalen komijn

2 el boter

routebeschrijving

Zet een waterbad klaar en doe de sous vide erin. Ingesteld op 130F. Bestrijk de filet met olijfolie.

Combineer zout, peper, honing, uipoeder, knoflookpoeder, gerookt paprikapoeder, gerookte serrano chilipoeder, salie, nootmuskaat en komijn. Wrijf de filet in met het mengsel.

Doe in een grote vacuümzak. Laat leeglopen door de waterverplaatsingsmethode, sluit de zak en dompel hem onder in het waterbad. Kook gedurende 2 uur en 30 minuten.

Als de timer is gestopt, haal je de biefstuk eruit en dep je hem droog met een theedoek. Verhit de boter in een pan op hoog vuur en schroei de biefstuk in 2-3 minuten aan alle kanten dicht. Laat 5 minuten rusten en snijd om te serveren.

BBQ-borststuk

Bereidings- en kooktijd: 48 uur 15 minuten | Porties: 8

Ingrediënten:

1 ½ pond borst
Zout en zwarte peper naar smaak
1 el olijfolie
1 el knoflookpoeder

routebeschrijving:

Zet een waterbad klaar en doe de sous vide erin. Aanpassen aan 150F. Wrijf zout, peper en knoflookpoeder over het vlees en doe het in een vacumeerzak. Laat leeglopen door de waterverplaatsingsmethode, verzegel en dompel onder in het waterbad. Zet de timer op 48 uur. Verhit na 2 dagen de olijfolie in een pan op middelhoog vuur. Haal het vlees uit de zak en schroei aan alle kanten dicht.

Entrecote met champignonroomsaus

Bereidings- en kooktijd: 1 uur 20 minuten | Porties: 3

Ingrediënten:

3 (6-oz) Biefstukken zonder botten

Zout en zwarte peper naar smaak

4 tl ongezouten boter

1 el olijfolie

6 oz witte champignons, in vieren gesneden

2 grote sjalotten, gesnipperd

2 teentjes knoflook, gehakt

½ kopje runderbouillon

½ kopje room

2 tl mosterdsaus

Dun gesneden lente-uitjes voor garnering

routebeschrijving:

Zet een waterbad klaar, doe er sous vide in en zet het op 135ºF. Breng het rundvlees op smaak met peper en zout en doe het in 3 aparte vacuümzakken. Doe in elk zakje 1 theelepel boter. Laat leeglopen door de waterverplaatsingsmethode, sluit de zak en dompel hem onder in het waterbad. Stel in op 45 minuten.

Verhit tien minuten voordat de timer afgaat de olie en de resterende boter in een koekenpan op middelhoog vuur. Zodra de timer is gestopt, verwijdert u het zakje en maakt u de sluiting los. Haal het vlees eruit, dep droog en voeg toe aan de pan. Bewaar de sappen in de zakjes. Bak 1 minuut aan elke kant en leg ze op een snijplank. Snijd en zet opzij.

Voeg in dezelfde pan de sjalotten en champignons toe. Laat 10 minuten koken en voeg de knoflook toe. Kook 1 minuut. Voeg de bouillon en het gereserveerde sap toe. Laat 3 minuten sudderen. Voeg slagroom toe, breng op hoog vuur aan de kook en zet na 5 minuten op laag vuur. Zet het vuur uit en roer de mosterdsaus erdoor. Leg de biefstuk op een bord, bedek met champignonsaus en garneer met lente-uitjes.

Entrecote met korst van selderijkruiden

Bereidings- en kooktijd: 5 uur 15 minuten | Porties: 3

Ingrediënten:

1 ½ lb rib eye steak, met been

Zout en zwarte peper naar smaak

½ tl roze peper

½ el selderijzaad, gedroogd

1 el knoflookpoeder

2 takjes rozemarijn, fijngehakt

2 kopjes runderbouillon

1 eiwit

routebeschrijving:

Wrijf het vlees in met zout en marineer gedurende 1 uur. Maak een waterbad, doe er sous vide in en zet het op 130 F. Plaats het vlees in een vacuümzak, laat leeglopen met behulp van de waterverplaatsingsmethode en sluit de zak. Dompel de zak onder in het waterbad. Zet de timer op 4 uur en kook maar. Als je klaar bent, verwijder je het vlees en dep je het droog; aan de kant zetten.

Meng de zwarte peperpoeder, roze peperpoeder, selderijzaad, knoflookpoeder en rozemarijn door elkaar. Bestrijk het rundvlees met het eiwit. Doop het rundvlees in het selderijzaadmengsel om royaal te coaten. Leg op een bakplaat en bak 15 minuten in de oven. Verwijder en laat afkoelen op een snijplank.

Snijd het vlees voorzichtig in plakjes, waarbij u tegen het bot snijdt. Doe de vloeistof in een vacuümzak en de runderbouillon in een pan en breng op middelhoog vuur aan de kook. Gooi drijvend vet of vaste stoffen weg. Leg de plakjes rundvlees op een bord en besprenkel de saus erover. Serveer met een kant van gestoomde groene groenten.

Biefstuk met sjalotjes en peterselie

Bereidings- en kooktijd: 1 uur 15 minuten | Porties: 4

Ingrediënten:

2 pond biefstuk, in plakjes

2 eetlepels Dijon-mosterd

3 el olijfolie

1 eetlepel verse peterselieblaadjes, fijngehakt

1 theelepel verse rozemarijn, fijngehakt

1 el sjalot, fijngehakt

½ tl gedroogde tijm

1 teentje knoflook, geplet

routebeschrijving:

Zet een waterbad klaar en doe er sous vide in. Aanpassen aan 136F.

Meng in een kleine kom Dijon-mosterd, olijfolie, peterselie, rozemarijn, sjalot, tijm en knoflook. Wrijf het vlees in met dit mengsel en doe het in een vacuümzak. Laat leeglopen door de waterverplaatsingsmethode, sluit de zak en dompel hem onder in het waterbad. Zet de timer op 1 uur. Serveer met een salade.

Versnipperd gegrild gebraad

Bereidings- en kooktijd: 14 uur 20 minuten | Porties: 3

Ingrediënten:

1 pond rosbief
2 el BBQ-kruiden

routebeschrijving:

Maak een waterbad, doe de sous vide erin en zet hem op 165 F.

Verwarm een gril voor. Dep het vlees droog met keukenpapier en wrijf in met grillkruiden. Zet 15 minuten apart. Plaats het vlees in een vacuümzak, laat leeglopen door middel van waterverplaatsing en sluit de zak af.

Dompel jezelf onder in het waterbad. Zet de timer op 14 uur en kook maar. Zodra de timer is gestopt, verwijdert u het zakje en opent u het. Haal het vlees eruit en versnipper het. Toeslag.

Gewone cornedbeef

Bereidings- en kooktijd: 5 uur 10 minuten | Porties: 4

Ingrediënten:

15 ons borststuk

1 el zout

¼ kopje runderbouillon

1 tl paprikapoeder

1 kopje bier

2 uien, in plakjes

½ tl oregano

1 tl cayennepeper

routebeschrijving:

Zet een waterbad klaar en doe er sous vide in. Ingesteld op 138F. Snijd het rundvlees in 4 stukken. Doe in aparte vacumeerzakken. Meng het bier, de bouillon en de kruiden in een kom. Roer de uien erdoor. Verdeel het mengsel over de zakjes.

Laat leeglopen door de waterverplaatsingsmethode, sluit de zak en dompel hem onder in een waterbad. Zet de timer op 5 uur. Zodra de timer is gestopt, verwijdert u de zak en legt u deze op een bord.

In het vuur geroosterde tomatenfilet

Bereidings- en kooktijd: 2 uur 8 minuten | Porties: 4

Ingrediënten:

2 pond ossenhaas in tweeën gesneden, 1 inch dik

1 kopje vuur geroosterde tomaten, gehakt

Zout en zwarte peper naar smaak

3 eetlepels extra vergine olijfolie

2 laurierblaadjes, heel

3 eetlepels boter, ongezouten

routebeschrijving:

Bereid een waterbad voor, doe er sous vide in en zet het op 136 F. Spoel het vlees grondig af onder stromend water en dep droog met keukenpapier. Wrijf goed in met de olijfolie en kruid royaal met peper en zout. Doe in een grote vacuümzak samen met de vuurgeroosterde tomaten en twee laurierblaadjes. Sluit de zak, dompel hem onder in het waterbad en laat 2 uur koken.

Als je klaar bent, verwijder je de zakken en leg je het vlees op een bakplaat. Gooi het kookvocht weg. Smelt de boter in een grote koekenpan op middelhoog vuur. Voeg de filet toe en schroei 2 minuten aan elke kant. Serveer met je favoriete saus en groenten.

Entrecote met bietenpuree

Bereidings- en kooktijd: 1 uur 20 minuten | Porties: 4

Ingrediënten:

4 entrecote

2 pond bieten, in blokjes

Zout en zwarte peper naar smaak

4 eetlepels boter

Olijfolie om te frituren

routebeschrijving:

Maak een waterbad, doe er sous vide in en zet het op 128 F. Bestrooi de steaks met peper en zout en doe ze in een vacuümzak. Laat leeglopen door de waterverplaatsingsmethode, sluit de zak en dompel hem onder in het waterbad. Zet de timer op 1 uur.

Doe de bieten in kokend water en kook tot ze zacht zijn, ongeveer 10 minuten. Giet de bieten af en doe ze in een mengkom. Voeg boter toe en pureer het. Breng op smaak met peper en zout.

Zodra de timer is gestopt, verwijdert u de zakken en maakt u ze los. Haal de steaks uit de zak en dep ze droog. Breng op smaak. Braad de steaks in een pan met olie op middelhoog vuur ongeveer 2 minuten aan elke kant. Serveer steaks met bietenpuree.

Flankbiefstuk met geroosterde tomaten

Bereidings- en kooktijd: 3 uur 30 minuten | Porties: 3

Ingrediënten:

1 pond zijsteak

4 eetlepels olijfolie, in tweeën gedeeld

1 el + 1 tl Italiaanse kruiden

Zout en zwarte peper naar smaak

4 knoflookteentjes, 2 geperste knoflookteentjes + 2 hele knoflookteentjes

1 kop cherrytomaatjes

1 el balsamicoazijn

3 eetlepels Parmezaanse kaas, geraspt

routebeschrijving:

Bereid een waterbad voor, doe er sous vide in en zet het op 129 F. Doe de steak in een vacuümzak. Voeg de helft van de olijfolie, Italiaanse kruiden, zwarte peper, zout en geperste knoflook toe en wrijf zachtjes in.

Laat leeglopen door middel van waterverplaatsing en verzegel de zak. Dompel jezelf onder in het waterbad. Zet de timer op 3 uur en kook 10 minuten. Voordat de timer is gestopt, verwarm je een oven voor op 400 F.

Meng in een kom de tomaten met de overige ingrediënten behalve de Parmezaanse kaas. Giet in een braadpan en plaats in de oven op het rooster dat het verst van het vuur verwijderd is. Bak 15 minuten.

Zodra de timer is gestopt, verwijdert u de zak, opent u de steak en haalt u deze eruit. Leg ze op een plat oppervlak en schroei beide kanten boven een vuur tot ze goudbruin zijn. Laat afkoelen en snij in dunne plakjes. Serveer biefstuk met geroosterde tomaten. Garneer met parmezaanse kaas.

Rundvlees perensteak

Bereidings- en kooktijd: 3 uur 10 minuten | Porties: 3

Ingrediënten:

3 (6 oz) runderpeersteaks
2 el olijfolie
4 eetlepels ongezouten boter
4 teentjes knoflook, geperst
4 takjes verse tijm

routebeschrijving:

Maak een waterbad, doe de sous vide erin en zet hem op 135F. Kruid het rundvlees met zout en doe het in 3 vacuümzakken. Laat leeglopen door de waterverplaatsingsmethode en sluit de zakken. Dompel jezelf onder in het waterbad. Stel de timer in op 3 uur en kook.

Als de timer is gestopt, haal je het vlees eruit, dep je het droog en breng je het op smaak met peper en zout. Verhit olie in een pan op middelhoog vuur tot het begint te roken. Voeg de steaks, boter, knoflook en tijm toe. Bak aan beide kanten 3 minuten. Bestrijk tijdens het bakken met nog wat boter. Biefstuk in gewenste plakken snijden.

Rundsschouder met champignons

Bereidings- en kooktijd: 6 uur 15 minuten | Porties: 3

Ingrediënten:

1 pond runderschouder

1 middelgrote wortel, in plakjes

1 grote ui, gesnipperd

¾ kopje champignons, in plakjes

1 kop runderbouillon

2 el olijfolie

4 teentjes knoflook, fijngehakt

Zout en zwarte peper naar smaak

routebeschrijving:

Zet een waterbad klaar en doe de sous vide erin. Ingesteld op 136F. Doe de runderschouder in een grote vacuümzak, samen met de gesneden wortelen en de helft van de bouillon. Dompel de afgesloten zak onder in het waterbad en kook gedurende 6 uur. Als de tijd om is, haal je het vlees uit de zak en dep je het droog.

Verhit olijfolie in een pan en voeg ui en knoflook toe. Bak al roerend 3-4 minuten. Voeg runderschouder, resterende bouillon, 2 kopjes water, champignons, zout en peper toe. Breng het aan de kook en verlaag het vuur tot een minimum. Kook nog 5 minuten, onder voortdurend roeren.

Champignons gevuld met tomaten

Bereidings- en kooktijd: 60 minuten | Porties: 4

Ingrediënten:

2 pond cremini-paddenstoelen

1 gele paprika, fijngehakt

2 middelgrote tomaten, geschild en fijngehakt

2 lente-uitjes, fijngehakt

1 ¾ kopje mager rundergehakt

3 el olijfolie

Zout en zwarte peper naar smaak

routebeschrijving:

Zet een waterbad klaar en doe de sous vide erin. Aanpassen aan 131F. Stoom de champignons en leg de hoedjes opzij. Snijd de steeltjes van de champignons. Verhit 2 eetlepels olijfolie in een grote koekenpan. Voeg uien toe en bak 1 minuut.

Voeg nu het rundergehakt toe en bak nog een paar minuten, onder voortdurend roeren. Roer de champignonstelen, tomaten, paprika, zout en zwarte peper erdoor en bak nog eens 3 minuten.

Leg de champignonhoedjes op een schoon werkvlak en besprenkel met de resterende olie. Voeg het rundvleesmengsel toe aan elke dop en doe het in een grote vacuümzak in een enkele laag. Laat leeglopen door de waterverplaatsingsmethode, sluit de zak en dompel hem onder in het waterbad. Zet de timer op 50 minuten.

Als de tijd om is, haal je de champignons uit de zak. Breng over naar een serveerschaal. Giet het champignonsap dat in de zak is achtergebleven erover. Serveer met een salade.

Klassieke runderstoofpot

Bereidings- en kooktijd: 3 uur 15 minuten | Porties: 4

Ingrediënten:

1 pond rundernek, in hapklare stukjes gesneden
½ grote aubergine, in plakjes
1 kopje vuur geroosterde tomaten
1 kop runderbouillon
½ kopje bordeaux
¼ kopje plantaardige olie
5 peperkorrels, heel
2 eetlepels boter, ongezouten
1 laurierblad, heel
1 eetl tomatenpuree
½ el cayennepeper
¼ tl Spaanse peper (optioneel)
1 theelepel zout
Verse peterselie voor garnering

routebeschrijving:

Zet een waterbad klaar en doe de sous vide erin. Aanpassen aan 135F. Spoel het vlees af onder koud stromend water. Dep droog met keukenpapier en plaats op een schoon werkoppervlak. Snijd met een scherp mes in hapklare stukjes.

Meng in een grote kom bordeauxrood met olie, peperkorrels, laurier, cayennepeper, chilipeper en zout. Dip het vlees in dit mengsel en zet het 2 uur in de koelkast. Haal het vlees uit de marinade en dep droog met keukenpapier. vloeistof bewaren. Doe in een grote vacuümzak. seal zak.

Dompel de afgesloten zak onder in het waterbad en kook gedurende 1 uur. Haal uit het waterbad, gooi het laurierblad weg en doe het in een diepe pan met dikke bodem. Voeg boter toe en smelt zachtjes op middelhoog vuur. Voeg de aubergine, tomaten en ¼ kopje van de marinade toe. Kook nog 5 minuten, onder voortdurend roeren. Proef, breng op smaak en serveer gegarneerd met gehakte verse peterselie.

Knoflook hamburgers

Bereidings- en kooktijd: 70 minuten | Porties: 4

Ingrediënten:

1 pond mager rundergehakt

3 teentjes knoflook, geperst

2 el paneermeel

3 eieren, losgeklopt

4 burgerbroodjes

4 knapperige slablaadjes

4 plakjes tomaat

¼ kopje linzen, geweekt

¼ kopje olie, gehalveerd

1 el koriander, fijngehakt

Zout en zwarte peper naar smaak

routebeschrijving:

Bereid een waterbad voor, doe er sous vide in en zet het op 139 F.

Meng ondertussen in een kom de linzen met het rundvlees, de knoflook, de koriander, het paneermeel, de eieren en 3 eetlepels olie. Breng op smaak met zout en zwarte peper. Vorm hamburgers met je handen en leg ze op een licht met bloem bestoven werkvlak.

Plaats elke burger voorzichtig in een vacuümzak en sluit af. Duik in het waterbad en kook gedurende 1 uur.

Zodra de timer is gestopt, haal je de hamburgers voorzichtig uit de zak en dep je ze droog met keukenpapier. Aan de kant zetten. Verhit de resterende olie in een grote pan. Schroei de burgers 2-3 minuten aan elke kant voor extra krokantheid. Besprenkel hamburgers met je favoriete saus en smeer ze op broodjes. Garneer met sla en tomaat en serveer direct.

stoofpotje van rundergehakt

Bereidings- en kooktijd: 60 minuten | Porties: 3

Ingrediënten:

4 middelgrote aubergines, gehalveerd
½ kopje mager rundergehakt
2 middelgrote tomaten, gehakt
¼ kopje extra vergine olijfolie
2 eetlepels geroosterde amandelen, fijngehakt
1 eetlepel verse selderijblaadjes, fijngehakt
Zout en zwarte peper naar smaak
1 tl tijm

routebeschrijving:

Zet een waterbad klaar en doe de sous vide erin. Aanpassen aan 180F. Halveer de aubergines in de lengte. Schep het vruchtvlees eruit en doe het in een kom. Bestrooi rijkelijk met zout en laat tien minuten staan.

Verhit 3 eetlepels olie op middelhoog vuur. Bak de aubergines kort, 3 minuten aan elke kant en haal ze uit de pan. Gebruik wat keukenpapier om de overtollige olie op te nemen. Aan de kant zetten.

Doe het gehakt in dezelfde pan. Roerbak 5 minuten, roer de tomaten erdoor en laat sudderen tot de tomaten zacht zijn. Voeg aubergine, amandelen en selderijblaadjes toe en kook 5 minuten. Zet het vuur uit en roer de tijm erdoor.

Breng alles over in een grote vacuümzak. Laat leeglopen door de waterverplaatsingsmethode, sluit de zak en dompel hem onder in het waterbad. Zet de timer op 40 minuten.

Zodra de timer is gestopt, verwijdert u de zak en giet u de inhoud over een grote kom. Proef en pas de kruiden aan. Serveer eventueel gegarneerd met peterselie.

Ossenhaas in tomatensaus

Bereidings- en kooktijd: 2 uur 5 minuten | Porties: 3

Ingrediënten:

1 pond runderlende medaillons
1 kopje vuur geroosterde tomaten
1 tl hete chilisaus
3 teentjes knoflook, geperst
2 tl Spaanse peper
2 tl knoflookpoeder
2 tl vers limoensap
1 laurierblad
2 theelepels plantaardige olie
Zout en zwarte peper naar smaak

routebeschrijving:

Bereid een waterbad voor, doe er sous vide in en zet het op 129 F. Kruid de biefstuk met zout en zwarte peper.

Combineer in een kom de vuurgeroosterde tomaten met hete pepersaus, geplette knoflook, chili, knoflookpoeder en limoensap. Voeg de entrecote toe aan het mengsel en gooi om te coaten. Doe in een enkele laag in de vacuümzak en sluit af. Duik in het waterbad en kook gedurende 2 uur.

Als de tijd om is, verwijder je de medaillons en dep je ze droog. Gooi het laurierblad weg. Reserveer kooksappen. Bak ongeveer 1 minuut in een hoog hete pan. Serveer met de saus en aardappelpuree.

Rundvlees met uien

Bereidings- en kooktijd: 1 uur 15 minuten | Porties: 3

Ingrediënten:

¾ kopje mager rundvlees, in hapklare stukjes gesneden

2 grote uien, geschild en fijngehakt

¼ kopje water

3 el mosterd

1 tl sojasaus

1 tl gedroogde tijm

2 el plantaardige olie

2 el sesamolie

routebeschrijving:

Zet een waterbad klaar en doe de sous vide erin. Aanpassen aan 136F. Spoel het vlees af en dep droog met keukenpapier. Verdeel de mosterd over het vlees met een keukenborstel en bestrooi met gedroogde tijm.

Doe in een vacuümzak met de sojasaus, gehakte uien en sesamolie. seal zak. en duik in het bad en kook gedurende 1 uur. Haal uit het waterbad. Dep het vlees droog met keukenpapier en zet apart.

Verhit de plantaardige olie in een grote koekenpan op middelhoog vuur. Voeg runderkarbonades toe en kook, onder voortdurend roeren, gedurende 5 minuten. Haal van het vuur en serveer.

Knoflook prime-ribs

Bereidings- en kooktijd: 10 uur 15 minuten | Porties: 8

Ingrediënten:

3 lb entrecote, bijgesneden

1 takje rozemarijn

1 takje tijm

Zout en zwarte peper naar smaak

6 teentjes knoflook

1 el olijfolie

routebeschrijving:

Zet een waterbad klaar en doe de sous vide erin. Ingesteld op 140F. Kruid de ribbetjes met peper en zout en doe ze samen met de tijm en rozemarijn in een vacumeerzak. Laat leeglopen door de waterverplaatsingsmethode, sluit de zak en dompel hem onder in een waterbad. Zet de timer op 10 uur.

Wanneer de timer is gestopt, verwijdert u het zakje. Plet de teentjes knoflook tot een pasta, verdeel de pasta over het vlees. Verhit de olijfolie in een pan en schroei het vlees een paar minuten aan alle kanten dicht.

Ossenhaas met baby worteltjes

Bereidings- en kooktijd: 2 uur 15 minuten | Porties: 5

Ingrediënten:

2 pond ossenhaas

7 baby worteltjes, in plakjes

1 ui, gesnipperd

1 kop tomatenpuree

2 el plantaardige olie

2 el verse peterselie, fijngehakt

Zout en zwarte peper naar smaak

routebeschrijving:

Zet een waterbad klaar en doe de sous vide erin. Aanpassen aan 133F. Was het vlees en dep droog met keukenpapier. Snijd met een scherp mes in hapklare stukjes en kruid met peper en zout.

Schroei het rundvlees in een koekenpan in olie op middelhoog vuur en laat het gelijkmatig bruin worden, 5 minuten.

Voeg nu de gesneden wortelen en uien toe aan de pan en kook tot ze zacht zijn, ongeveer 2 minuten. Roer de tomatenpuree, zout en peper erdoor. Giet ½ kopje water erbij.

Haal van het vuur en doe het in een enkele laag in een grote vacuümzak. Laat leeglopen door de waterverplaatsingsmethode, sluit de zak en dompel hem onder in het waterbad. Zet de timer op 2 uur. Haal het zakje uit het bad en giet de inhoud op een serveerschaal. Serveer gegarneerd met verse peterselie.

Runderribbetjes met rode wijn

Bereidings- en kooktijd: 6 uur 15 minuten | Porties: 3

Ingrediënten:

1 pond runderribben

¼ kopje rode wijn

1 theelepel honing

½ kopje tomatenpuree

2 el olijfolie

½ kopje runderbouillon

¼ kopje appelazijn

1 teentje knoflook, gehakt

1 tl paprikapoeder

Zout en zwarte peper naar smaak

routebeschrijving:

Zet een waterbad klaar en doe de sous vide erin. Aanpassen aan 140F. Spoel de ribben af en laat ze uitlekken. Kruid met peper, zout en paprikapoeder. Doe in een enkele laag in een vacuümzak samen met de wijn, tomatenpuree, runderbouillon, honing en appelcider. Laat leeglopen door de waterverplaatsingsmethode, sluit de zak en dompel hem onder in het waterbad. Zet de timer op 6 uur. Dep de ribben droog. Gooi kookvloeistoffen weg.

Verhit de olijfolie in een grote pan op middelhoog vuur. Voeg knoflook toe en bak tot glazig. Voeg de ribben toe en schroei 5 minuten per kant dicht.

Rundvlees paprika's

Bereidings- en kooktijd: 6 uur 10 minuten | Porties: 2

Ingrediënten:

1 pond ossenhaas, in hapklare stukjes gesneden
1 grote ui fijngehakt
1 el boter, gesmolten
1 el verse peterselie, fijngehakt
1 tl gedroogde tijm, gemalen
1 el citroensap, vers geperst
1 eetl tomatenpuree
Zout en zwarte peper naar smaak

routebeschrijving:

Zet een waterbad klaar en doe de sous vide erin. Aanpassen aan 158F. Meng in een grote vacumeerzak alle ingrediënten goed door elkaar, behalve de peterselie. Laat leeglopen door de waterverplaatsingsmethode, sluit de zak en dompel hem onder in het waterbad. Zet de timer op 6 uur.

Zodra de timer is gestopt, haal je het uit het waterbad en open je het zakje. Serveer onmiddellijk gegarneerd met gehakte verse peterselie.

Rundvlees stroganoff

Bereidings- en kooktijd: 24 uur 15 minuten | Porties: 4

Ingrediënten:

1 pond rosbief, in stukjes gesneden

½ ui, gesnipperd

1 pond champignons, in plakjes

1 teentje knoflook, gehakt

¼ kopje witte wijn

4 eetlepels griekse yoghurt

½ kopje runderbouillon

1 el boter

1 takje verse platte peterselie

Zout en zwarte peper naar smaak

routebeschrijving:

Zet een waterbad klaar en doe de sous vide erin. Aanpassen aan 140F. Kruid de biefstuk met peper en zout. Doe in een vacuümzak en sluit af. Dompel onder in het voorverwarmde water en kook gedurende 24 uur.

Smelt de volgende dag de boter in een pan op middelhoog vuur. Voeg de uien en knoflook toe en bak tot ze zacht zijn, ongeveer 3 minuten. Voeg de champignons toe en bak nog 5 minuten. Schenk de wijn en bouillon erbij en laat tot de helft inkoken.

Roer het vlees erdoor en bak nog een minuut. Proef en pas de kruiden aan. Serveer warm met gehakte verse peterselie.

Beef Bites Met Teriyaki Saus En Zaden

Bereidings- en kooktijd: 70 minuten | Porties: 2

Ingrediënten

2 biefstukken

½ kopje teriyakisaus

2 el sojasaus

2 tl verse pepers, fijngehakt

1½ el sesamzaadjes, geroosterd

2 eetlepels maanzaad, geroosterd

8 ons rijstnoedels

2 el sesamolie

1 el lente-ui, fijngehakt

routebeschrijving

Zet een waterbad klaar en doe de sous vide erin. Aanpassen aan 134F. Snijd het vlees in blokjes en doe het in een vacuümzak. Voeg 1/2 kopje teriyakisaus toe. Laat leeglopen door de waterverplaatsingsmethode, sluit de zak en dompel hem onder in het waterbad. Kook gedurende 60 minuten.

Meng in een kom de sojasaus en pepers. Doe de maanzaadjes in een andere kom. Begin na 50 minuten met het koken van de pasta. Giet ze af en doe ze in een kom. Zodra de timer is gestopt, verwijdert u het vlees en gooit u de pan-sappen weg. Verhit de sesamolie in een koekenpan op hoog vuur en voeg het rundvlees toe met 6 el teriyakisaus. Kook 5 seconden. Serveer in een kom en garneer met geroosterde zaden.

Citroen en gepeperde zijsteak

Bereidings- en kooktijd: 2 uur 15 minuten | Porties: 4

Ingrediënten:

2 pond zijsteak

1 el limoenschil

1 citroen, in plakjes

½ tl cayennepeper

1 tl knoflookpoeder

Zout en zwarte peper naar smaak

¼ kopje ahornsiroop

½ kopje kippenbouillon

routebeschrijving:

Zet een waterbad klaar en doe de sous vide erin. Ingesteld op 148F. Combineer de kruiden en schil en wrijf over de biefstuk. Laat ongeveer 5 minuten rusten.

Klop de bouillon en ahornsiroop door elkaar. Doe de biefstuk in een vacuümzak en voeg de partjes citroen toe. Laat leeglopen door de waterverplaatsingsmethode, sluit de zak en dompel hem onder in een waterbad. Zet de timer op 2 uur. Als u klaar bent, verwijdert u ze, legt u ze op een grill en grilt u ze 30 seconden aan elke kant. Serveer onmiddellijk.

Stoofpotje van Rundvlees en Groente

Bereidings- en kooktijd: 4 uur 25 minuten | Porties: 12

Ingrediënten:

16 ons ossenhaas, in blokjes gesneden

4 aardappelen, in stukjes

3 wortels, in plakjes

5 ons sjalot, in plakjes

1 ui, gesnipperd

2 teentjes knoflook, gehakt

¼ kopje rode wijn

¼ kopje room

2 el boter

1 tl paprikapoeder

½ kopje kippenbouillon

½ tl kurkuma

Zout en zwarte peper naar smaak

1 tl citroensap

routebeschrijving:

Zet een waterbad klaar en doe de sous vide erin. Aanpassen aan 155F. Doe het vlees in een vacuümzak samen met zout, peper, kurkuma, paprika en rode wijn. Masseer goed. Laat leeglopen door de waterverplaatsingsmethode, sluit de zak en dompel hem onder in een waterbad. Zet de timer op 4 uur.

Mix ondertussen de overige ingrediënten samen in een andere vacuümzak. Sluit af en dompel 3 uur voordat het vlees gaar is in hetzelfde bad. Als je klaar bent, verwijder je alles en doe je het in een pan op middelhoog vuur en kook je gedurende 15 minuten.

Pittige biefstuk

Bereidings- en kooktijd: 2 uur 10 minuten | Porties: 5

Ingrediënten:

2 pond biefstuk

3 el olijfolie

2 theelepels citroenschil

½ tl peper

1 tl oregano

1 el boter

¼ tl rode pepervlokken

routebeschrijving:

Zet een waterbad klaar en doe de sous vide erin. Aanpassen aan 130F. Meng alle kruiden en wrijf in het vlees. Doe in een vacuümzak. Laat leeglopen door de waterverplaatsingsmethode, sluit de zak en dompel hem onder in een waterbad. Zet de timer op 2 uur.

Zodra de timer is gestopt, verwijder je de zak en snijd je de biefstuk in 5 gelijke stukken. Aan alle kanten aanbraden in een pan op middelhoog vuur gedurende ongeveer 30 seconden.

Worcestershire Gehaktbrood

Bereidings- en kooktijd: 2 uur 15 minuten | Porties: 4

Ingrediënten:

1 pond rundergehakt

1 kopje paneermeel

1 ui, gesnipperd

1 ei

1 kopje yoghurt

1 teentje knoflook, gehakt

Zout en zwarte peper naar smaak

Glazuur:

1 el ketchup

2 tl bruine suiker

2 eetlepels worcestershiresaus

routebeschrijving:

Zet een waterbad klaar en doe de sous vide erin. Ingesteld op 170F. Meng alle ingrediënten van het gehaktbrood in een kom. Meng met de handen tot het volledig is opgenomen. Doe in een vacuümzak en vorm er een stok van. Laat leeglopen door de waterverplaatsingsmethode, sluit de zak en dompel hem onder in een waterbad. Zet de timer op 2 uur.

Zodra de timer is gestopt, verwijdert u de zak en plaatst u deze in een braadpan. Klop de ingrediënten voor het glazuur door elkaar en bestrijk het gehaktbrood hiermee. Bak onder de grill tot het begint te bubbelen.

Dronken biefstuk

Bereidings- en kooktijd: 2 uur 15 minuten | Porties: 4

Ingrediënten:

1 pond biefstuk

1 kopje rode wijn

2 tl boter

1 tl suiker

Zout en zwarte peper naar smaak

routebeschrijving:

Zet een waterbad klaar en doe de sous vide erin. Aanpassen aan 131F. Meng de rode wijn met de kruiden en doe in een vacuüm afsluitbare zak. Doe het vlees erin. Laat leeglopen door de waterverplaatsingsmethode, sluit de zak en dompel hem onder in een waterbad. Zet de timer op 2 uur. Wanneer de timer is gestopt, verwijdert u het zakje. Smelt de boter in een pan en bak het vlees in enkele minuten aan alle kanten bruin.

Heerlijke Cheese Steak Roll

Bereidings- en kooktijd: 75 minuten | Porties: 4

Ingrediënten

2 paprika's, in dunne plakjes

½ rode ui, dun gesneden

2 el olijfolie

Zout en zwarte peper naar smaak

1 pond gekookte roksteak, in dunne plakjes gesneden

4 zachte hoagiebroodjes

8 plakjes cheddarkaas

routebeschrijving

Zet een waterbad klaar en doe de sous vide erin. Aanpassen aan 186F. Doe de paprika, ui en olijfolie in een vacuümzak. Kruid met peper en zout. Laat leeglopen door de waterverplaatsingsmethode, sluit de zak en dompel hem onder in het waterbad. Kook gedurende 60 minuten.

Voeg na 55 minuten de gekookte biefstuk toe en dompel hem onder. Kook nog 5 minuten. Als u klaar bent, verwijdert u het zakje en legt u het opzij. Verwarm de oven voor boven 400 F. Snijd de Hoagie Rolls doormidden en bestrooi met kaas. Bak 2 minuten. Leg op een bord en garneer met paprika, steaks en uien.

Honing Dijon-borststuk

Bereidings- en kooktijd: 48 uur 20 minuten | Porties: 12

Ingrediënten

6 pond borst

2 el olijfolie

4 grote sjalotten, in plakjes

4 teentjes knoflook, gepeld en geplet

¼ kopje appelazijn

½ kopje tomatenpuree

½ kopje honing

¼ kopje Dijon-mosterd

2 kopjes water

1 eetlepel hele zwarte peperkorrels

2 gedroogde pimentbessen

Zout naar smaak

routebeschrijving

Zet een waterbad klaar en doe de sous vide erin. Aanpassen aan 155F.

Verhit de olijfolie in een koekenpan op hoog vuur en bak de borst aan beide kanten goudbruin. Aan de kant zetten. Fruit in dezelfde pan op middelhoog vuur de sjalotjes en knoflook 10 minuten.

Combineer azijn, honing, tomatenpuree, mosterd, peperkorrels, water, piment en kruidnagel. Voeg het sjalottenmengsel toe. Goed mengen. Doe het borststuk en het mengsel in een vacuümzak. Laat leeglopen door de waterverplaatsingsmethode, sluit de zak en dompel hem onder in het waterbad. 48 uur koken.

Als de tijd om is, verwijder je de zak en dep je het vlees droog. Giet de pan-sappen in een pan op hoog vuur en kook tot de saus met de helft is ingekookt, 10 minuten. Serveer met het borststuk.

Rozemarijn Ribeye Stoofpot

Voorbereiding en kooktijd: 6 uur 35 minuten | Porties: 12

Ingrediënten

3 pond beef ribeye rosbief met bot

Zout en zwarte peper naar smaak

1 eetl groene paprika

1 el gedroogde selderijzaadjes

2 el knoflookpoeder

4 takjes rozemarijn

1 el komijn

1 kop runderbouillon

2 eiwitten

routebeschrijving

Marineer het rundvlees met zout. 12 uur laten afkoelen. Zet een waterbad klaar en doe de sous vide erin. Aanpassen aan 132F. Doe het vlees in een vacuümzak. Laat leeglopen door de waterverplaatsingsmethode, sluit de zak en dompel hem onder in het waterbad. 6 uur koken.

Verwarm de oven voor op 425 F. Zodra de timer is gestopt, verwijder je het vlees en dep je het droog. Combineer paprika, selderijzaad, knoflookpoeder, komijn en rozemarijn. Besprenkel de rosbief met een mengsel van wit ei, bleekselderij en zout. Leg het gebraad op een bakplaat en bak gedurende 10 minuten. Laat 10 minuten afkoelen en snij in plakjes. Serveer het rundvlees en garneer met de saus.

Goddelijke rosbief met puree van zoete aardappelen

Bereidings- en kooktijd: 1 uur 20 minuten | Porties: 4

IIngrediënten

4 entrecote
2 pond zoete aardappelen, in blokjes
¼ kopje steakkruiden
Zout en zwarte peper naar smaak
4 eetlepels boter
Raapzaadolie om te frituren

routebeschrijving

Zet een waterbad klaar en doe de sous vide erin. Aanpassen aan 129F. Doe de gekruide steaks in een vacuümzak. Laat leeglopen door de waterverplaatsingsmethode, sluit de zak en dompel hem onder in het waterbad. Kook gedurende 1 uur.

Kook de aardappelen gedurende 15 minuten. Giet af en doe in een kom met boter. Pureer en breng op smaak met zout en peper. Zodra de timer is gestopt, verwijdert u de steaks en dep ze droog. Verhit de olie in een pan op middelhoog vuur. Bak gedurende 1 minuut. Serveer met de aardappelpuree.

Rundvleespastei met champignons

Bereidings- en kooktijd: 2 uur 40 minuten | Porties: 4

IIngrediënten

1 pond ossenhaas

Zout en zwarte peper naar smaak

2 eetlepels Dijon-mosterd

1 vel bladerdeeg, ontdooid

8 ons cremini-champignons

8 ons shiitake-paddenstoelen

1 sjalot, in blokjes

3 teentjes knoflook, gehakt

1 el boter

6 plakjes spek

routebeschrijving

Zet een waterbad klaar en doe de sous vide erin. Aanpassen aan 124F. Kruid het vlees met peper en zout en doe het in een vacumeerzak. Laat leeglopen door de waterverplaatsingsmethode, sluit de zak en dompel hem onder in het waterbad. Kook gedurende 2 uur. Doe de champignons in een keukenmachine en pulseer.

Fruit de sjalotten en knoflook in een hete pan, voeg als ze zacht zijn de champignons toe en kook tot het water is verdampt. Voeg 1 el boter toe en breng aan de kook. Zodra de timer is gestopt, verwijder je het vlees en dep je het droog.

Verhit olie in een koekenpan op middelhoog vuur en schroei het vlees 30 seconden aan elke kant dicht. Smeer het rundvlees in met Dijon-mosterd. Schik de plakjes ham en spek in plasticfolie. Rundvlees erop leggen. Rol ze op en laat ze 20 minuten afkoelen. Rol het bladerdeeg uit en bestrijk met ei. Voeg rundvlees toe. Verwarm de oven voor op 475 ° F en bak gedurende 10 minuten. Snijd en serveer.

Klassieke cheeseburgers

Bereidings- en kooktijd: 1 uur 15 minuten | Porties: 4

Ingrediënten

1 pond rundergehakt

2 hamburgerbroodjes

2 plakjes cheddarkaas

Zout en zwarte peper naar smaak

boter om te roosteren

routebeschrijving

Zet een waterbad klaar en doe de sous vide erin. Aanpassen aan 137F. Bestrooi de biefstuk met peper en zout en vorm er burgers van. Doe in een vacuümzak. Laat leeglopen door de waterverplaatsingsmethode, sluit de zak en dompel hem onder in het waterbad. Kook gedurende 1 uur.

Verhit ondertussen een pan en rooster de broodjes met boter. Zodra de timer is gestopt, verwijder je de hamburgers en leg je ze in een pan. Schroei 30 seconden per kant dicht. Bestrooi de burger met kaas en bak tot het gesmolten is. Leg de burger tussen de broodjes en serveer.

Rib-eye pasta met bloemkool

Bereidings- en kooktijd: 2 uur 10 minuten | Porties: 2

Ingrediënten

2 rib-eye steaks

8 ons pasta, gekookt en uitgelekt

2 kopjes olie

2 kopjes bloemkool, gekookt en uitgelekt

1 ui, in plakjes

2 kopjes warme kippenbouillon

2 el maizena

Zout en zwarte peper naar smaak

routebeschrijving

Zet een waterbad klaar en doe de sous vide erin. Aanpassen aan 134F. Doe de rib-eye in een vacumeerzak. Laat leeglopen door de waterverplaatsingsmethode, sluit de zak en dompel hem onder in een waterbad. Kook gedurende 1-2 uur. Meng in een kom kippenbouillon en maizena.

Verhit olie in een koekenpan en bak de noedels 5 minuten; aan de kant zetten. Voeg de ui en bloemkool toe en bak deze mee met het kipmengsel. Kook dik. Als je klaar bent, dep je de ribbetjes droog. Kruid met peper en zout. Voeg toe aan de pan en schroei 1 minuut aan elke kant. Doe pasta, groenten en biefstuk in een kom. Kruid met peper en zout.

Kimchi Rib Eye Taco's Met Avocado

Bereidings- en kooktijd: 2 uur 25 minuten | Porties: 4

Ingrediënten

2 pond korte rib, dun gesneden

½ kopje sojasaus

3 lente-ui sticks, in plakjes

1 el Tabasco-saus

6 teentjes knoflook, gehakt

2 el bruine suiker

1 inch kurkuma, geraspt

1 el sesamolie

½ tl paprikapoeder

8 maistortilla's

Kimchi als topping

1 in plakjes gesneden avocado

routebeschrijving

Zet een waterbad klaar en doe de sous vide erin. Aanpassen aan 138F.

Verhit een pan op middelhoog vuur en combineer sojasaus, lente-uitjes, knoflook, tabascosaus, bruine suiker, kurkuma, paprika en sesamolie. Kook tot de suiker is opgelost. laat afkoelen.

Doe het sausmengsel in een vacuümzak. Laat leeglopen door de waterverplaatsingsmethode, sluit de zak en dompel hem onder in het waterbad. Kook gedurende 2 uur. Zodra de timer is gestopt, verwijdert u de saus en brengt u deze over in een pan om te laten sudderen. Leg de shortribs in een grillrooster en gril ze krokant. Snijd de ribben in blokjes. Maak een taco met tortilla, rundvlees en avocado. Garneer met kimchi en hete saus.

Makkelijk te bereiden filet met cayennesaus

Bereidings- en kooktijd: 55 minuten | Porties: 2

IIngrediënten

16 biefstukken van ossenhaas

¼ tl cayennepeperpoeder

Zout en zwarte peper naar smaak

½ el boter

½ el olijfolie

2 el ui, fijngehakt

1 teentje knoflook, gehakt

¼ kopje sherry

2 el balsamicoazijn

1 chipotle peper

¼ kopje water

1 eetl tomatenpuree

1 tl sojasaus

1 el melasse

1 el plantaardige olie

Koriander, gehakt, voor garnering

routebeschrijving

Zet een waterbad klaar en doe de sous vide erin. Aanpassen aan 125F.

Hussel de biefstuk met de chipotle, peper en zout en doe in een vacuümzak. Laat leeglopen door de waterverplaatsingsmethode, sluit de zak en dompel hem onder in een waterbad. Kook 40 minuten.

Maak ondertussen de saus door een pan op middelhoog vuur te verhitten. Voeg boter en ui toe en kook tot ze zacht zijn. Roer de knoflook erdoor en bak nog 1 minuut. Schenk de sherry erbij en laat inkoken. Giet balsamicoazijn, cayennepeper, water, tomatenpuree, sojasaus en melasse erbij. roeren. Rooster tot dik.

Zodra de timer is gestopt, verwijdert u de biefstuk en legt u deze in een verwarmde pan met boter op hoog vuur en schroeit u gedurende 1 minuut. Giet voor het serveren de saus erover en garneer met koriander.

Lever Met Knoflook

Bereidings- en kooktijd: 1 uur 25 minuten | Porties: 4

Ingrediënten:

1 pond kalfslever, dun gesneden

3 el olijfolie

2 teentjes knoflook, geperst

1 el verse munt, fijngehakt

2 tl cayennepeper, gemalen

1 theelepel zout

1 theelepel Italiaanse kruidenmix

routebeschrijving:

Maak een waterbad, doe er sous vide in en zet het op 129 F. Spoel de lever grondig af onder koud stromend water. Zorg ervoor dat u alle sporen van bloed wegspoelt. Dep droog met keukenpapier. Gebruik een scherp schilmesje om eventuele aders te verwijderen. Snijd kruiselings in dunne plakjes.

Meng vervolgens in een kleine kom de olijfolie, knoflook, munt, cayennepeper, zout en Italiaanse kruiden. Meng tot goed opgenomen. Besmeer de plakjes lever rijkelijk met dit mengsel en zet 30 minuten in de koelkast. Haal uit de koelkast en doe in een grote vacuümzak.

Laat leeglopen door de waterverplaatsingsmethode en sluit de zakken. Dompel ze onder in het waterbad en stel de timer in op 40 minuten.

Zodra de timer is gestopt, haal je het uit het waterbad en open je het zakje. Vet een grote koekenpan in met een beetje olie en leg de plakjes vleeslever erin. Aan beide kanten 2 minuten kort aanbraden. Besprenkel met extra vierge olijfolie en serveer met brood.

Romige Kalfsvlees Marsala

Bereidings- en kooktijd: 1 uur 35 minuten | Porties: 4

Ingrediënten

1 pond kalfssteaks

2 tl knoflookzout

2 kopjes dun gesneden enoki-paddenstoelen

½ kopje room

1 sjalot, dun gesneden

3 eetlepels marsala

2 el boter

1 tl zwarte peper

2 takjes verse salie

2 el bieslook, prima

routebeschrijving

Zet een waterbad klaar en doe de sous vide erin. Aanpassen aan 138F.

Kruid het kalfsvlees met zout en knoflook en doe het in een vacuümzak met de champignons, room, Marsala, peper, boter en tijm. Laat leeglopen door de waterverplaatsingsmethode, sluit de zak en dompel hem onder in het waterbad. Kook 90 minuten.

Zodra de timer is gestopt, verwijdert u de zak en plaatst u deze op een serveerschaal. Gooi de salie weg en bewaar het kookvocht. Verhit een pan op middelhoog vuur, voeg kookvocht toe en laat 5 minuten sudderen. Zet het vuur lager en voeg het kalfsvlees toe. Serveer kalfsvlees met rijst. Garneer met bieslook.

Kalfskoteletten van witte wijn en champignons

Bereidings- en kooktijd: 3 uur 20 minuten | Porties: 4

Ingrediënten:

1 pond mager kalfsvlees, in hapklare stukjes gesneden
4 kopjes champignons, in plakjes
3 grote wortelen, in plakjes
1 kopje knolselderij, fijngehakt
2 eetlepels boter, zacht
1 eetlepel extra vergine olijfolie
1 el cayennepeper
Zout en zwarte peper naar smaak
¼ kopje witte wijn
Een handvol verse selderijblaadjes, gehakt

routebeschrijving:

Bereid een waterbad voor, doe er sous vide in en zet het op 144 F.

Meng in een grote kom het vlees met de champignons, gesneden wortelen, knolselderij, olijfolie, cayennepeper, zout en zwarte peper. Roer goed en doe het in een grote vacuümzak. Dompel de afgesloten zak onder in het waterbad en kook gedurende 3 uur.

Haal vervolgens het vlees uit de zak en dep droog. Bewaar het kookvocht. Smelt de boter in een grote pan. Kookvloeistoffen sudderen tot ze lichtjes ingedikt zijn. Witte wijn erbij schenken en 1 minuut aan de kook brengen. Bestrooi met fijngehakte selderijblaadjes en serveer warm met de saus.

Zoete Worst & Druiven

Bereidings- en kooktijd: 1 uur 20 minuten | Porties: 4

Ingrediënten

2 ½ kopjes pitloze witte druiven met steel verwijderd
1 el gehakte verse rozemarijn
2 el boter
4 hele zoete Italiaanse worstjes
2 el balsamicoazijn
Zout en zwarte peper naar smaak

routebeschrijving

Zet een waterbad klaar en doe de sous vide erin. Aanpassen aan 160F.

Doe druiven, rozemarijn, boter en worst in een vacuümzak. Laat leeglopen door de waterverplaatsingsmethode, sluit de zak en dompel hem onder in het waterbad. Kook gedurende 60 minuten.

Zodra de timer is gestopt, verwijdert u de worsten en plaatst u de jus en druiven in een pan op middelhoog vuur. Giet de balsamicoazijn erbij en kook 3 minuten. Kruid met peper en zout. Verhit een koekenpan op middelhoog vuur en bak de worstjes 3-4 minuten. Serveer met de saus en de druiven.

Zoete spareribs met mango-sojasaus

Bereid- en kooktijd: 36 uur 25 minuten | Porties: 4

Ingrediënten

4 pond varkensribbetjes

Zout en zwarte peper naar smaak

1 kopje mangosap

¼ kopje sojasaus

3 el honing

1 el chili-knoflookpasta

1 el gemalen gember

2 el kokosolie

1 tl Chinees vijfkruidenpoeder

1 tl gemalen koriander

routebeschrijving

Zet een waterbad klaar en doe de sous vide erin. Aanpassen aan 146F.

Kruid de spareribs met peper en zout en doe ze in een vacuümzak. Laat leeglopen door de waterverplaatsingsmethode, sluit de zak en dompel hem onder in het waterbad. 36 uur koken. Als de tijd om is, verwijder je de ribben en dep je ze droog. Gooi kookvocht weg.

Verhit een pan op middelhoog vuur en kook mangosap, sojasaus, chili, knoflookpasta, honing, gember, kokosolie, vijf kruiden en koriander tot het is ingekookt, 10 minuten. Besprenkel de ribben met de saus. Leg ze op een bakplaat en bak ze 5 minuten in de oven op 390 ° F.

Zoete karbonades & courgette met amandelen

Bereidings- en kooktijd: 3 uur 15 minuten | Porties: 2

Ingrediënten

2 karbonades van varkenshaas

Zout en zwarte peper naar smaak

3 el olijfolie

1 el vers geperst citroensap

2 theelepels rode wijnazijn

2 tl honing

2 el olijfolie

2 middelgrote courgettes, in reepjes gesneden

2 el amandelen, geroosterd

routebeschrijving

Zet een waterbad klaar en doe de sous vide erin. Aanpassen aan 138F. Doe het gekruide varkensvlees in een vacuümzak. Voeg 1 el olijfolie toe. Laat leeglopen door de waterverplaatsingsmethode, sluit de zak en dompel hem onder in het waterbad. 3 uur koken.

Meng citroensap, honing, azijn en 2 eetlepels olijfolie. Kruid met peper en zout. Zodra de timer is gestopt, verwijdert u de zak en gooit u het kookvocht weg. Verhit rijstolie in een pan op hoog vuur en schroei het varkensvlees 1 minuut per kant dicht. Haal van het vuur en laat 5 minuten rusten.

Meng voor de salade de courgette met de dressing in een kom. Kruid met peper en zout. Leg het varkensvlees op een bord en serveer met de courgette. Garneer met amandelen.

Varkenskarbonades met paprika en mais roerbak

Bereidings- en kooktijd: 1 uur 10 minuten | Porties: 4

Ingrediënten

4 karbonades
1 kleine rode paprika, in blokjes
1 kleine gele ui, in blokjes gesneden
2 kopjes bevroren maïskorrels
¼ kopje koriander
Zout en zwarte peper naar smaak
1 eetlepel tijm
4 eetlepels plantaardige olie

routebeschrijving

Zet een waterbad klaar en doe de sous vide erin. Aanpassen aan 138F. Bestrooi het varkensvlees met zout en doe het in een vacuümzak. Laat leeglopen door de waterverplaatsingsmethode, sluit de zak en dompel hem onder in een waterbad. Kook gedurende 1 uur.

Verhit olie in een pan op middelhoog vuur en fruit ui, paprika en maïs. Kruid met peper en zout. Roer de koriander en tijm erdoor. Aan de kant zetten. Zodra de timer is gestopt, verwijdert u het varkensvlees en voegt u het toe aan de hete koekenpan. Bak 1 minuut aan elke kant. Serveer het varkensvlees met gesauteerde groenten.

Romige cognac varkenslende

Bereidings- en kooktijd: 4 uur 50 minuten | Porties: 4

Ingrediënten

3 pond varkenslende zonder been

Zout naar smaak

2 dun gesneden uien

¼ kopje cognac

1 kopje melk

1 kopje kaasroom

routebeschrijving

Zet een waterbad klaar en doe er sous vide in. Aanpassen aan 146F. Kruid het varkensvlees met peper en zout. Verhit een koekenpan op middelhoog vuur en schroei het varkensvlees in 8 minuten dicht. Aan de kant zetten. Roer de ui erdoor en fruit 5 minuten. Voeg cognac toe en kook tot het kookt. Laat 10 minuten afkoelen.

Doe varkensvlees, ui, melk en room in een vacuümzak. Laat leeglopen door de waterverplaatsingsmethode, verzegel en dompel onder in het waterbad. Kook 4 uur. Zodra de timer is gestopt, verwijdert u het varkensvlees. Zet opzij, houd warm. Verhit een pan en giet de sappen van de pan erin. Roer 10 minuten tot het kookt. Kruid met peper en zout. Snijd het varkensvlees in plakjes en serveer met roomsaus.

Tomatenvarkenspoot met wortelen

Bereidings- en kooktijd: 48 uur 30 minuten | Porties: 4

Ingrediënten

2 varkenshaasjes

1 (14,5 ounce) blik tomatenblokjes met sap

1 kop runderbouillon

1 kop fijngesneden ui

½ kopje fijngesneden venkelknol

½ kopje fijngesneden wortelen

Zout naar smaak

½ kopje rode wijn

1 laurierblad

routebeschrijving

Zet een waterbad klaar en doe de sous vide erin. Ingesteld op 149 F. Verwijder het buikvet van de dijen en doe het in een vacuümzak. Voeg de rest van de ingrediënten toe. Laat leeglopen door de waterverplaatsingsmethode, sluit de zak en dompel hem onder in het waterbad. 48 uur koken.

Zodra de timer is gestopt, verwijdert u de steel en gooit u het laurierblad weg. Bewaar de kooksappen. Leg de poot op een bakplaat en grill in 5 minuten bruin. Verhit een pan op middelhoog vuur en roer de pan-sappen erdoor. Kook gedurende 10 minuten tot het ingedikt is. Besprenkel het varkensvlees met de saus en serveer.

Varkenskarbonade met gekruide koffiesaus

Bereidings- en kooktijd: 2 uur 50 minuten | Porties: 4

Ingrediënten

4 varkenskarbonades met been
1 el paprikapoeder
1 el gemalen koffie
1 el bruine suiker
1 el knoflookzout
1 el olijfolie

routebeschrijving

Zet een waterbad klaar en doe de sous vide erin. Ingesteld op 146F. Doe het varkensvlees in een vacuümzak. Laat leeglopen door de waterverplaatsingsmethode, sluit de zak en dompel hem onder in een waterbad. Kook gedurende 2 uur en 30 minuten.

Maak ondertussen de saus door de paprika, gemalen koffie, bruine suiker en knoflookzout te mengen. Zodra de timer is gestopt, haal je het varkensvlees eruit en droog je het.

Besprenkel het varkensvlees met de saus. Verhit olie in een pan op hoog vuur en schroei het varkensvlees 1-2 minuten per kant dicht. Laat 5 minuten rusten. Snijd het varkensvlees in plakjes en serveer.

Pittige filet

Bereidings- en kooktijd: 3 uur 15 minuten | Porties: 4

IIngrediënten

1 pond varkenshaas, bijgesneden
Zout naar smaak
½ tl zwarte peper
3 eetlepels chilipasta

routebeschrijving

Zet een waterbad klaar en doe de sous vide erin. Aanpassen aan 146F.

Meng de filet met peper en zout en doe in een vacuümzak. Laat leeglopen door de waterverplaatsingsmethode, sluit de zak en dompel hem onder in het waterbad. 3 uur koken.

Als de tijd om is, verwijder je het varkensvlees en bestrijk je het met chilipasta. Verhit een grill op hoog vuur en schroei de filet in 5 minuten bruin. Laat rusten. Snijd de filet in plakjes en serveer.

Pittige varkenskarbonades met champignons

Bereidings- en kooktijd: 65 minuten | Porties: 2

Ingrediënten

2 dik gesneden karbonades met been
Zout en zwarte peper naar smaak
2 eetlepels boter, koud
4 ons gemengde wilde paddenstoelen
¼ kopje sherry
½ kopje runderbouillon
1 tl salie
1 el biefstukmarinade
Gehakte knoflook voor garnering

routebeschrijving

Zet een waterbad klaar en doe de sous vide erin. Aanpassen aan 138F.

Meng het varkensvlees met peper en zout en doe het in een vacuümzak. Laat leeglopen door de waterverplaatsingsmethode, sluit de zak en dompel hem onder in het waterbad. Kook 45 minuten.

Zodra de timer is gestopt, haal je het varkensvlees eruit en droog je het. Gooi kookvocht weg. Verhit 1 eetlepel boter in een koekenpan op middelhoog vuur en schroei het varkensvlees 1 minuut aan elke kant. Giet op een bord en zet opzij.

Bak de champignons 2-3 minuten in dezelfde hete pan. Roer de sherry, bouillon, salie en biefstukmarinade erdoor tot de saus dikker wordt. Voeg de resterende boter toe en breng op smaak met zout en peper; Meng goed. Giet voor het serveren de saus over het varkensvlees en garneer met knoflookbieslook.

Pancetta & Crème Van Maïs Soep

Bereidings- en kooktijd: 1 uur 15 minuten | Porties: 4

Ingrediënten

4 aren, zaden afgeschraapt

4 eetlepels boter

1 kopje melk

1 laurierblad

Breng op smaak met zout en witte peper

4 sneetjes krokant gebakken pancetta

2 el gehakte bieslook

routebeschrijving

Zet een waterbad klaar en doe de sous vide erin. Aanpassen aan 186F.

Combineer de maïskorrels, melk, maïskolven, 1 eetlepel zout, 1 eetlepel witte peper en laurier. Doe in een vacuümzak. Laat leeglopen door de waterverplaatsingsmethode, sluit de zak en dompel hem onder in het waterbad. Kook gedurende 1 uur.

Zodra de timer is gestopt, haal je de zak eruit en verwijder je de maïskolf en het laurierblad. Plaats het mengsel in een blender op puree-modus gedurende 1 minuut. Als je een andere consistentie wilt, voeg dan een beetje melk toe. Kruid met peper en zout. Garneer met pancetta en bieslook om te serveren.

Komijn Knoflook Varkensvlees Kabobs

Bereidings- en kooktijd: 4 uur 20 minuten | Porties: 4

Ingrediënten

1 pond varkensschouder zonder bot, in blokjes

Zout naar smaak

1 el gemalen nootmuskaat

1 el gehakte knoflook

1 tl komijn

1 tl koriander

1 tl knoflookpoeder

1 tl bruine suiker

1 tl versgemalen zwarte peper

1 el olijfolie

routebeschrijving

Zet een waterbad klaar en doe de sous vide erin. Aanpassen aan 149F. Bestrijk het varkensvlees met zout, knoflook, nootmuskaat, komijn, koriander, peper en bruine suiker en doe het in een vacuümzak. Laat leeglopen door de waterverplaatsingsmethode, sluit de zak en dompel hem onder in het waterbad. Kook 4 uur.

Verhit een grill op hoog vuur. Zodra de timer is gestopt, verwijdert u het varkensvlees en legt u het op de grill. Bak 3 minuten tot ze bruin zijn.

Geweldige karbonades met balsamico glazuur

Bereidings- en kooktijd: 3 uur 20 minuten | Porties: 2

Ingrediënten

2 karbonades
Zout en zwarte peper naar smaak
1 el olijfolie
4 eetlepels balsamicoazijn
2 theelepels verse rozemarijn, gehakt

routebeschrijving

Zet een waterbad klaar en doe de sous vide erin. Aanpassen aan 146F.

Meng het varkensvlees met peper en zout en doe het in een vacuümzak. Laat leeglopen door de waterverplaatsingsmethode, verzegel en dompel onder in het waterbad. 3 uur koken. Zodra de timer is gestopt, haal je het varkensvlees eruit en droog je het.

Verhit olijfolie in een pan en bak de karbonades in 5 minuten bruin. Voeg balsamicoazijn toe en breng aan de kook. Herhaal het proces gedurende 1 minuut. Serveer en garneer met rozemarijn en balsamicosaus.

Rode kool & aardappelen met worst

Bereidings- en kooktijd: 2 uur 20 minuten | Porties: 4

Ingrediënten

½ krop rode kool, in plakjes

1 appel, in kleine blokjes gesneden

24 ons rode aardappelen, in vieren gesneden

1 kleine ui, in plakjes

¼ tl selderijzout

2 el appelazijn

2 el bruine suiker

Zwarte peper naar smaak

1 pond voorgekookte gerookte varkensworst, in plakjes

½ kopje kippenbouillon

2 el boter

routebeschrijving

Zet een waterbad klaar en doe de sous vide erin. Aanpassen aan 186F. Meng kool, aardappelen, ui, appel, appelcider, bruine suiker, zwarte peper, selderij en zout.

Doe de worstjes en het mengsel in een vacuümzak. Laat lucht ontsnappen door waterverplaatsing, verzegel de zak en dompel hem onder in een waterbad. Kook gedurende 2 uur.

Verhit boter in een steelpan op middelhoog vuur. Zodra de timer is gestopt, verwijdert u de zak en giet u de inhoud in een pan. Kook tot de vloeistof is verdampt. Voeg de kool, ui en aardappelen toe en bak tot ze bruin zijn. Verdeel het mengsel over serveerschalen.

Varkenshaasje met amandelen

Bereidings- en kooktijd: 3 uur 20 minuten | Porties: 2

Ingrediënten

3 el olijfolie

3 el mosterd

2 el honing

Zout en zwarte peper naar smaak

2 karbonades van varkenshaas met been

1 el citroensap

2 theelepels rode wijnazijn

2 eetlepels koolzaadolie

2 kopjes gemengde babysla

2 el dun gesneden zongedroogde tomaatjes

2 tl amandelen, geroosterd

routebeschrijving

Zet een waterbad klaar en doe de sous vide erin. Aanpassen aan 138F.

Meng 1 el olijfolie, 1 el honing en 1 el mosterd en breng op smaak met zout en peper. Smeer de lendenen in met het mengsel. Doe in een vacuümzak. Laat leeglopen door de waterverplaatsingsmethode, sluit de zak en dompel hem onder in het waterbad. 3 uur koken.

Maak ondertussen de dressing van het citroensap, de azijn, 2 eetlepels olijfolie, 2 eetlepels mosterd en de resterende honing. Kruid met peper en zout. Zodra de timer is gestopt, verwijdert u de lendenen. Gooi kookvocht weg. Verhit koolzaadolie in een koekenpan op hoog vuur en schroei de lende 30 seconden per kant dicht. Laat 5 minuten rusten.

Meng voor de salade de sla, zongedroogde tomaten en amandelen in een kom. Meng 3/4 van de dressing en serveer de lendenen met de dressing en de salade.

Heerlijk varkensvlees in salsa verde

Bereidings- en kooktijd: 24 uur 25 minuten | Porties: 8)

Ingrediënten

2 pond varkensschouder zonder botten, in blokjes gesneden

Zout naar smaak

1 el gemalen komijn

1 tl versgemalen zwarte peper

1 el olijfolie

1 pond tomaten

3 Poblano pepers, fijn ontpit en in blokjes gesneden

½ witte ui fijngesneden

1 Serrano ontpit en in blokjes gesneden

3 geperste knoflookteentjes

1 bosje grof gesneden koriander

1 kop kippenbouillon

½ kopje limoensap

1 el oregano

routebeschrijving

Zet een waterbad klaar en doe de sous vide erin. Aanpassen aan 149F. Breng het varkensvlees op smaak met zout, komijn en peper. Verhit olie in een pan op hoog vuur en bak het varkensvlees 5-7 minuten. Aan de kant zetten. Fruit in dezelfde pan de tomatillos, poblano, ui, serrano en knoflook 5 minuten. Doe in een keukenmachine en voeg koriander, limoensap, kippenbouillon en oregano toe. Mix gedurende 1 minuut.

Doe het varkensvlees en de saus in een vacuümzak. Laat leeglopen door de waterverplaatsingsmethode, sluit de zak en dompel hem onder in het waterbad. 24 uur koken. Zodra de timer is gestopt, verwijdert u de zak en plaatst u deze in serveerschalen. Bestrooi met zout en peper. Serveer met rijst.

Pittige Kokos Varkensribbetjes

Bereidings- en kooktijd: 8 uur 30 minuten | Porties: 4

Ingrediënten

1/3 kopje kokosmelk

2 el kokosboter

2 el sojasaus

2 el bruine suiker

2 eetlepels droge witte wijn

1 stengel citroengras, fijngehakt

1 eetlepel Sriracha-saus

1 el verse gember, geraspt

2 teentjes knoflook, in plakjes

2 tl sesamolie

1 pond varkensribbetjes zonder been

Gehakte verse koriander

Gekookte basmatirijst om te serveren

routebeschrijving

Zet een waterbad klaar en doe de sous vide erin. Aanpassen aan 134F.

Meng in een keukenmachine kokosmelk, kokosboter, sojasaus, bruine suiker, wijn, citroengras, gember, srirachasaus, knoflook en sesamolie tot een gladde massa.

Doe de ribben in een vacuümzak en bestrijk ze met het mengsel. Laat leeglopen door de waterverplaatsingsmethode, sluit de zak en dompel hem onder in het waterbad. Kook 8 uur.

Als de tijd om is, verwijder je de ribben en leg je ze op een bord. Verhit een pan op middelhoog vuur en giet het kookvocht erin. Laat 10-15 minuten sudderen. Voeg de ribben toe aan de saus en roer goed door. Kook 5 minuten. Garneer met koriander en serveer met rijst.

Sappige BBQ babyribbetjes

Bereidings- en kooktijd: 16 uur 50 minuten | Porties: 5

Ingrediënten

4 pond varkensribbetjes

3 ½ kopje BBQ-saus

⅓ kopje tomatenpuree

4 lente-uitjes, gehakt

2 el verse peterselie, gehakt

routebeschrijving

Zet een waterbad klaar en doe de sous vide erin. Aanpassen aan 162F.

Doe elke rib in een vacuümzak met 3 kopjes BBQ-saus. Laat leeglopen door de waterverplaatsingsmethode, sluit de zak en dompel hem onder in het waterbad. 16 uur koken.

Meng in een kom de resterende BBQ-saus en de tomatenpuree. Zet apart in de koelkast.

Als de tijd om is, verwijder je de ribben en dep je ze droog met keukenpapier. Gooi kookvocht weg.

Verwarm de oven voor op 300 F. Bestrijk de spareribs aan beide kanten met de BBQ saus en plaats in de oven. Bak 10 minuten. Bestrijk opnieuw met de saus en bak nog eens 30 minuten. Garneer met lente-uitjes en peterselie en serveer.

Knoflook Varkensfilet

Bereidings- en kooktijd: 2 uur 8 minuten | Porties: 3

Ingrediënten:

1 pond varkenshaas
1 kopje groentebouillon
2 teentjes knoflook, gehakt
1 tl knoflookpoeder
3 theelepels olijfolie
Zout en zwarte peper naar smaak

routebeschrijving:

Bereid een waterbad voor, doe er sous vide in en zet het op 136 F.

Spoel het vlees goed af en dep droog met keukenpapier. Wrijf in met knoflookpoeder, zout en zwarte peper. Doe ze samen met de bouillon en de gehakte knoflook in een grote vacuümzak. Sluit de zak af en dompel hem onder in het waterbad. Kook gedurende 2 uur. Haal de filet uit de zak en dep droog met keukenpapier.

Verhit olie in een grote pan. Schroei de filet 2-3 minuten aan elke kant dicht. Snijd het varkensvlees in plakjes, schik op een bord en giet de jus erover. Toeslag.

Pittige varkensfilet met tijm en knoflook

Bereidings- en kooktijd: 2 uur 25 minuten | Porties: 8

Ingrediënten

2 el boter

1 el uienpoeder

1 el gemalen komijn

1 el koriander

1 el gedroogde rozemarijn

Zout naar smaak

1 (3-pond) varkenshaas, zonder vel

1 el olijfolie

routebeschrijving

Zet een waterbad klaar en doe de sous vide erin. Aanpassen aan 140F.

Meng de uienpoeder, komijn, knoflookpoeder, rozemarijn en limoenzout. Smeer het varkensvlees eerst in met olijfolie en zout, daarna met het uienmengsel.

Doe in een vacuümzak. Laat leeglopen door de waterverplaatsingsmethode, sluit de zak en dompel hem onder in het waterbad. Kook gedurende 2 uur.

Als de tijd om is, haal je het varkensvlees eruit en dep je het droog met keukenpapier. Gooi kookvocht weg. Verhit boter in een koekenpan op hoog vuur en bak het varkensvlees in 3-4 minuten aan alle kanten bruin. Laat 5 minuten afkoelen en snij in medaillons.

Varkenshaasjes met champignonsaus

Bereidings- en kooktijd: 1 uur 10 minuten | Porties: 3

Ingrediënten:

3 (8 oz) karbonades

Zout en zwarte peper naar smaak

3 eetlepels boter, ongezouten

6 ons champignons

½ kopje runderbouillon

2 eetlepels worcestershiresaus

3 eetlepels knoflookbieslook, gehakt voor garnering

routebeschrijving:

Maak een waterbad, doe er sous vide in en zet het op 140 F. Wrijf de karbonades in met zout en peper en doe ze in een vacuümzak. Laat leeglopen door de waterverplaatsingsmethode, sluit de zak en dompel hem onder in het waterbad. Zet de timer op 55 minuten.

Zodra de timer is gestopt, verwijdert u het zakje en maakt u de sluiting los. Haal het varkensvlees eruit en dep droog met keukenpapier. Gooi de sappen weg. Zet een pan op middelhoog vuur en voeg 1 eetlepel boter toe. Schroei het varkensvlees aan beide kanten 2 minuten dicht. Aan de kant zetten. Voeg, terwijl de pan nog op het vuur staat, de champignons toe en bak 5 minuten. Zet het vuur uit, voeg de resterende boter toe en roer tot de boter smelt. Breng op smaak met peper en zout. Serveer de karbonades met champignonsaus erover.

Zoete appelworstjes

Bereidings- en kooktijd: 55 minuten | Porties: 4

Ingrediënten

¾ theelepel olijfolie
4 Italiaanse worstjes
4 el appelsap

routebeschrijving

Zet een waterbad klaar en doe de sous vide erin. Aanpassen aan 162F.

Doe de worstjes en 1 eetlepel appelcider per worst in een vacuümzak. Laat leeglopen door de waterverplaatsingsmethode, sluit de zak en dompel hem onder in een waterbad. Kook 45 minuten.

Verhit olie in een pan op middelhoog vuur. Zodra de timer is gestopt, verwijdert u de worstjes en voegt u ze toe aan de pan en kook ze tot ze bruin zijn, 3-4 minuten.

Zoete Sinaasappel Taco's

Bereidings- en kooktijd: 7 uur 10 minuten | Porties: 8

Ingrediënten

½ kopje sinaasappelsap

4 el honing

2 el verse knoflook, gehakt

2 eetlepels verse gember, fijngehakt

2 eetlepels worcestershiresaus

2 theelepels hoisinsaus

2 theelepels Sriracha-saus

Schil van een ½ sinaasappel

1 pond varkensschouder

8 bloemtortilla's, opgewarmd

½ kopje gehakte verse koriander

1 limoen, in partjes gesneden

routebeschrijving

Zet een waterbad klaar en doe de sous vide erin. Aanpassen aan 175F.

Meng sinaasappelsap, 3 eetlepels honing, knoflook, gember, worcestershiresaus, hoisinsaus, sriracha en sinaasappelschil.

Doe het varkensvlees in een vacuümzak en voeg de sinaasappelsaus toe. Laat leeglopen door de waterverplaatsingsmethode, sluit de zak en dompel hem onder in het waterbad. 7 uur koken.

Zodra de timer is gestopt, verwijdert u het varkensvlees en legt u het op een bakplaat. Reserveer kooksappen.

Verhit een pan op middelhoog vuur en giet het sap met de resterende honing erin. Kook tot bubbels en verminderd met de helft, 5 minuten. Bestrijk het varkensvlees met de saus. Vul de tortilla's met het varkensvlees. Garneer met koriander en serveer met de overgebleven saus.

Mexicaanse Carnitas van Varkensvlees met Salsa Roja

Bereidings- en kooktijd: 49 uur 40 minuten | Porties: 8

Ingrediënten

3 el olijfolie

2 el rode pepervlokken

Zout naar smaak

2 theelepels heet Mexicaans chilipoeder

2 tl gedroogde oregano

½ tl gemalen kaneel

2¼ pond varkensschouder zonder been

4 kleine rijpe tomaten, in blokjes

¼ rode ui, in blokjes gesneden

¼ kopje korianderblaadjes, gehakt

Vers geperst citroensap

8 maistortilla's

routebeschrijving

Meng de rode pepervlokken, koosjer zout, Mexicaanse hete chilipoeder, oregano en kaneel. Verdeel het chilimengsel over het varkensvlees en dek af met aluminiumfolie. Zet 1 uur in de koelkast.

Zet een waterbad klaar en doe er sous vide in. Ingesteld op 159 F. Doe het varkensvlees in een vacuümzak. Laat leeglopen door de waterverplaatsingsmethode, verzegel en dompel onder in het waterbad. 48 uur koken. Meng 15 minuten voor het einde de tomaten, ui en koriander erdoor. Voeg citroensap en zout toe.

Zodra de timer is gestopt, verwijdert u de zak en legt u het varkensvlees op een snijplank. Gooi kookvocht weg. Trek het vlees tot versnipperd. Verhit plantaardige olie in een koekenpan op middelhoog vuur en bak het gesnipperde varkensvlees tot krokante en krokante stukjes. Vul de tortilla met varkensvlees. Garneer met salsa roja en serveer.

Chili Kip & Chorizo Taco's Met Kaas

Bereidings- en kooktijd: 3 uur 25 minuten | Porties: 8

Ingrediënten

2 varkensworstjes, gietstukken verwijderd

1 poblano peper, gesteeld en gezaaid

½ jalapeñopeper, gesteeld en gezaaid

4 lente-uitjes, gehakt

1 bos verse korianderblaadjes

½ kopje gehakte verse peterselie

3 teentjes knoflook

2 el limoensap

1 theelepel zout

¾ tl gemalen koriander

¾ tl gemalen komijn

4 kippenborsten zonder vel, zonder bot, in plakjes

1 el plantaardige olie

½ gele ui, dun gesneden

8 maïstacoschelpen

3 eetlepels provolonekaas

1 tomaat

1 ijsbergsla, versnipperd

routebeschrijving

Meng in een blender ½ kopje water, poblano peper, jalapeño peper, lente-uitjes, koriander, peterselie, knoflook, limoensap, zout, koriander en komijn tot een gladde massa. Doe het kipreepjes-paprikamengsel in een vacuümzak. Zet in de koelkast en laat 1 uur rusten.

Zet een waterbad klaar en doe er sous vide in. Ingesteld op 141F. Doe het kippenmengsel in het bad. Kook gedurende 1 uur en 30 minuten.

Verhit de olie in een pan op middelhoog vuur en fruit de ui 3 minuten. Voeg chorizo toe en kook 5-7 minuten. Zodra de timer is gestopt, verwijdert u de kip. Gooi kookvocht weg. Voeg kip toe en meng goed. Vul de tortilla's met het kip-chorizomengsel. Top met kaas, tomaat en sla. Toeslag.

kip met groenten

Bereidings- en kooktijd: 2 uur 15 minuten | Porties: 2

Ingrediënten:

1 pond kipfilets, zonder bot en vel
1 kopje rode paprika, in plakjes
1 kopje groene paprika's, in plakjes
1 kopje courgette, in plakjes
½ kopje ui, fijngehakt
1 kopje bloemkoolroosjes
½ kopje vers geperst citroensap
½ kopje kippenbouillon
½ tl gemalen gember
1 theelepel roze Himalayazout

routebeschrijving:

Meng in een kom citroensap met kippenbouillon, gember en zout. Roer goed en voeg gehakte groenten toe. Aan de kant zetten. Spoel de kipfilets goed af onder koud stromend water. Snijd het vlees met een scherp mes in hapklare stukjes.

Meng met andere ingrediënten en roer goed. Doe over in een grote vacuümzak en sluit af. Kook sous vide op 167 F gedurende 2 uur. Serveer onmiddellijk.

Gemakkelijk Pittige Honing Kip

Bereidings- en kooktijd: 1 uur 45 minuten | Porties: 4

Ingrediënten

8 eetlepels boter

8 teentjes knoflook, gehakt

6 el chilisaus

1 tl komijn

4 el honing

sap van 1 limoen

Zout en zwarte peper naar smaak

4 kippenborsten zonder bot, zonder vel

routebeschrijving

Zet een waterbad klaar en doe de sous vide erin. Aanpassen aan 141F.

Verhit een pan op middelhoog vuur en voeg boter, knoflook, komijn, chilisaus, suiker, limoensap en een snufje zout en peper toe. Kook 5 minuten. Zet opzij en laat afkoelen.

Meng de kip met peper en zout en doe in 4 vacumeerzakken met de marinade. Laat leeglopen door de waterverplaatsingsmethode, sluit de zakken en dompel ze onder in het waterbad. Kook gedurende 1 uur en 30 minuten.

Als de tijd om is, haal je de kip eruit en dep je hem droog met keukenpapier. Bewaar de helft van het kookvocht uit elke zak en doe dit in een pan op middelhoog vuur. Kook tot de saus kookt, voeg dan de kip toe en kook 4 minuten. Haal de kip eruit en snij in plakjes. Serveer met rijst.

Klassieke Kip Cordon Bleu

Bereidings- en kooktijd: 1 uur 50 minuten + afkoeltijd | Porties: 4

Ingrediënten

½ kopje boter

4 kippenborsten zonder bot, zonder vel

Zout en zwarte peper naar smaak

1 tl cayennepeper

4 teentjes knoflook, gehakt

8 plakjes ham

8 plakjes Emmentaler kaas

routebeschrijving

Zet een waterbad klaar en doe de sous vide erin. Aanpassen aan 141F. Kruid de kip met peper en zout. Dek af met plastic folie en rol op. Zet opzij en laat afkoelen.

Verhit een pan op middelhoog vuur en voeg wat zwarte peper, cayennepeper, 1/4 kopje boter en knoflook toe. Kook tot de boter smelt. Giet in een kom.

Wrijf de kip aan één kant in met het botermengsel. Leg vervolgens 2 plakjes ham en 2 plakjes kaas erop en dek af. Wikkel elke borst in vershoudfolie en plaats 2-3 uur in de koelkast of 20-30 minuten in de vriezer.

Plaats de borst in twee vacumeerzakken. Laat leeglopen door de waterverplaatsingsmethode, sluit de zakken en dompel ze onder in het waterbad. Kook gedurende 1 uur en 30 minuten.

Zodra de timer is gestopt, verwijdert u de borsten en verwijdert u de plasticfolie. Verhit de resterende boter in een koekenpan op middelhoog vuur en schroei de kip 1-2 minuten per kant dicht.

Krokante Zelfgemaakte Gebraden Kip

Bereidings- en kooktijd: 3 uur 20 minuten | Porties: 8)

Ingrediënten

½ el gedroogde basilicum

2¼ kopjes zure room

8 kippenboutjes

Breng op smaak met zout en witte peper

½ kopje plantaardige olie

3 kopjes meel

2 el knoflookpoeder

1 ½ el cayennepeperpoeder

1 el gedroogde mosterd

routebeschrijving

Zet een waterbad klaar en doe de sous vide erin. Aanpassen aan 156F. Kruid het kippenzout en doe het in een vacuümzak. Laat leeglopen door de waterverplaatsingsmethode, verzegel en dompel onder in het waterbad. 3 uur koken. Als de tijd om is, haal je de kip eruit en dep je hem droog met keukenpapier.

Combineer zout, bloem, knoflookpoeder, witte peper, cayennepeperpoeder, mosterd, witte peper en basilicum in een kom. Doe zure room in een andere kom.

Doop de kip in het bloemmengsel, dan in de zure room en dan weer in het bloemmengsel. Verhit olie in een pan op middelhoog vuur. Voeg toe aan de drumsticks en bak 3-4 minuten tot ze krokant zijn. Toeslag.

Pittige kipfilet

Bereidings- en kooktijd: 1 uur 40 minuten | Porties: 4

Ingrediënten

½ kopje chilisaus

2 el boter

1 el witte azijn

1 el champagneazijn

4 kipfilets, gehalveerd

Zout en zwarte peper naar smaak

routebeschrijving

Zet een waterbad klaar en doe de sous vide erin. Aanpassen aan 141F.

Verhit een pan op middelhoog vuur en combineer de chilisaus, 1 eetlepel boter en azijn. Kook tot de boter is gesmolten. Aan de kant zetten.

Kruid de kip met peper en zout en doe in twee vacuümzakken met het chilimengsel. Laat leeglopen door de waterverplaatsingsmethode, sluit de zakken en dompel ze onder in het waterbad. Kook gedurende 1 uur en 30 minuten.

Zodra de timer is gestopt, verwijdert u de kip en legt u deze op een bakplaat. Gooi kookvocht weg. Verhit de resterende boter in een koekenpan op hoog vuur en braad de kip 1 minuut per kant aan. Snijd in strepen. Serveer met een salade.

Pittige Gember Chili Kip Sla Wraps

Bereidings- en kooktijd: 1 uur 45 minuten | Porties: 5

Ingrediënten

½ kopje hoisinsaus

½ kopje zoete chilisaus

3 el sojasaus

2 el geraspte gember

2 el gemalen gember

1 el bruine suiker

2 teentjes knoflook, gehakt

sap van 1 limoen

4 kipfilets, in blokjes

Zout en zwarte peper naar smaak

12 slablaadjes, gewassen

⅛ kopje maanzaad

4 bieslook

routebeschrijving

Zet een waterbad klaar en doe er sous vide in. Ingesteld op 141F. Combineer chilisaus, gember, sojasaus, bruine suiker, knoflook en de helft van het limoensap. Verhit een pan op middelhoog vuur en giet het mengsel erin. Kook 5 minuten. Aan de kant zetten.

Kruid de borsten met peper en zout. Doe ze in een vacuümzak met het chilisausmengsel in een gelijkmatige laag. Laat leeglopen door de waterverplaatsingsmethode, sluit de zak en dompel hem onder in het waterbad. Kook gedurende 1 uur en 30 minuten.

Als de tijd om is, haal je de kip eruit en dep je hem droog met keukenpapier. Gooi kookvocht weg. Combineer de hoisinsaus met de in blokjes gesneden kip en meng goed. Maak stapels van 6 slablaadjes.

Verdeel de kip tussen de slablaadjes en garneer voor het inpakken met maanzaad en bieslook.

Smaakvolle Citroen Kipfilet

Bereidings- en kooktijd: 1 uur 50 minuten | Porties: 4

Ingrediënten

3 el boter

4 kippenborsten zonder bot, zonder vel

Zout en zwarte peper naar smaak

Zest en sap van 1 citroen

¼ kopje room

2 el kippenbouillon

1 el gehakte verse salieblaadjes

1 el olijfolie

3 teentjes knoflook, gehakt

1/4 kopje rode uien, gehakt

1 grote citroen, in dunne plakjes

routebeschrijving

Zet een waterbad klaar en doe de sous vide erin. Aanpassen aan 141F. Kruid de borst met peper en zout.

Verhit een pan op middelhoog vuur en combineer citroensap en schil, slagroom, 2 eetlepels boter, kippenbouillon, salie, olijfolie, knoflook en rode ui. Kook tot de boter is gesmolten. Doe de borsten in 2 vacuümzakken met het citroen- en botermengsel. Schijfjes citroen toevoegen. Laat leeglopen door de waterverplaatsingsmethode, sluit de zakken en dompel ze onder in het bad. Kook 90 minuten.

Als de tijd om is, verwijder je de borsten en dep je ze droog met keukenpapier. Gooi het kookvocht weg. Verhit de resterende boter in een pan en schroei de borsten 1 minuut per kant dicht. Snijd de borsten in reepjes. Serveer met rijst.

Mosterd Knoflook Kip

Bereidings- en kooktijd: 60 minuten | Porties: 5

Ingrediënten:

17 ons kipfilet

1 el Dijon-mosterd

2 el mosterdpoeder

2 tl tomatensaus

3 el boter

1 theelepel zout

3 theelepels gehakte knoflook

¼ kopje sojasaus

routebeschrijving:

Zet een waterbad klaar en doe de sous vide erin. Stel in op 150F. Doe alle ingrediënten in een vacuümzak en schud om te combineren. Laat leeglopen door de waterverplaatsingsmethode, sluit de zak en dompel hem onder in een waterbad. Zet de timer op 50 minuten. Zodra de timer is gestopt, verwijdert u de kip en snijdt u deze in plakjes. Serveer warm.

hele kip

Bereidings- en kooktijd: 6 uur 40 minuten | Porties: 6

Ingrediënten:

1 middelgrote hele kip
3 teentjes knoflook
3 ons gehakte stengel bleekselderij
3 el mosterd
Zout en zwarte peper naar smaak
1 el boter

routebeschrijving:

Zet een waterbad klaar en doe de sous vide erin. Stel in op 150F. Combineer alle ingrediënten in een vacuümzak. Laat leeglopen door de waterverplaatsingsmethode, sluit de zak en dompel hem onder in een bad. Stel de timer in op 6 uur en 30 minuten. Als je klaar bent, laat je de kip iets afkoelen voordat je hem aansnijdt.

Heerlijke kippenvleugels met buffelsaus

Bereidings- en kooktijd: 3 uur | Porties: 3

Ingrediënten

3 pond kapoen kippenvleugels
2½ kopje buffelsaus
1 bosje verse peterselie

routebeschrijving

Zet een waterbad klaar en doe de sous vide erin. Aanpassen aan 148F.

Combineer de kapoenvleugels met zout en peper. Plaats in een vacuümzak met 2 kopjes buffelsaus. Laat leeglopen door de waterverplaatsingsmethode, sluit de zak en dompel hem onder in het waterbad. Kook gedurende 2 uur. Verwarm de oven voor om te grillen.

Zodra de timer is gestopt, verwijder je de vleugels en doe je ze in een kom. Giet de resterende buffelsaus erbij en meng goed. Leg de vleugels op een bakplaat bekleed met aluminiumfolie en bedek met de resterende saus. Bak gedurende 10 minuten, keer minstens één keer. Garneer met peterselie.

Heerlijke kipdrumsticks met zoete limoensaus

Bereidings- en kooktijd: 14 uur 30 minuten | Porties: 8

Ingrediënten

¼ kopje olijfolie

12 kippenboutjes

4 rode paprika's, gehakt

6 lente-uitjes, gehakt

4 teentjes knoflook, gehakt

1 ons verse gember, gehakt

½ kopje Worcestershire-saus

¼ kopje limoensap

2 el limoenschil

2 el suiker

2 el verse tijmblaadjes

1 el piment

Zout en zwarte peper naar smaak

1 tl gemalen nootmuskaat

routebeschrijving

Doe de paprika's, uien, knoflook, gember, worcestershiresaus, olijfolie, limoensap en -rasp, suiker, tijm, piment, zout, zwarte peper en nootmuskaat in een keukenmachine. en meng. Reserveer 1/4 kop saus.

Doe de kip-limoensaus in een vacuümzak. Laat leeglopen door de waterverplaatsingsmethode. Zet in de koelkast en laat 12 uur marineren.

Zet een waterbad klaar en doe de sous vide erin. Aanpassen aan 152F. Sluit de zak af en dompel hem onder in het waterbad. Kook gedurende 2 uur. Als de tijd om is, haal je de kip eruit en dep je hem droog met keukenpapier. Gooi het kookvocht weg. Bestrijk de kip met de achtergehouden limoensaus. Verhit een koekenpan op hoog vuur en schroei de kip 30 seconden per kant dicht.

Kipfilet Met Cajun Saus

Bereidings- en kooktijd: 1 uur 55 minuten | Porties: 4

Ingrediënten

2 el boter

4 kippenborsten zonder bot, zonder vel

Zout en zwarte peper naar smaak

1 tl komijn

½ kopje Cajun-kipmarinade

routebeschrijving

Zet een waterbad klaar en doe de sous vide erin. Aanpassen aan 141F. Kruid de borsten met peper en zout en doe ze in twee vacuümzakken met de cajunsaus. Laat leeglopen door de waterverplaatsingsmethode, sluit de zakken en dompel ze onder in het waterbad. Kook gedurende 1 uur en 30 minuten.

Zodra de timer is gestopt, verwijder je de kip en dep je hem droog. Gooi kookvocht weg. Verhit boter in een koekenpan op hoog vuur en schroei de borst 1 minuut per kant dicht. Snijd en serveer de borsten.

Sriracha Kipfilet

Bereidings- en kooktijd: 1 uur 55 minuten | Porties: 4

Ingrediënten

8 eetlepels boter, in blokjes
1 pond kippenborsten zonder botten zonder vel
Zout en zwarte peper naar smaak
1 tl nootmuskaat
1½ kopje Sriracha-saus

routebeschrijving

Zet een waterbad klaar en doe de sous vide erin. Aanpassen aan 141F.

Kruid de borsten met zout, nootmuskaat en peper en. plaats in twee vacumeerzakken met sriracha-saus. Laat leeglopen door de waterverplaatsingsmethode, sluit de zakken en dompel ze onder in het waterbad. Kook gedurende 1 uur en 30 minuten.

Als de tijd om is, haal je de kip eruit en dep je hem droog met keukenpapier. Gooi het kookvocht weg. Verhit boter in een koekenpan op hoog vuur en bak de borsten 1 minuut per kant. Snijd de borsten in kleine stukjes.

Peterselie kip met kerriesaus

Bereidings- en kooktijd: 2 uur 35 minuten | Porties: 4

Ingrediënten

4 kippenborsten zonder bot, zonder vel
Zout en zwarte peper naar smaak
1 el tijm
1 el peterselie
5 kopjes botercurrysaus

routebeschrijving

Zet een waterbad klaar en doe de sous vide erin. Aanpassen aan 141F.

Kruid de kip met zout, tijm, peterselie en peper. Doe in twee vacuümzakken met de saus. Laat leeglopen door de waterverplaatsingsmethode, sluit de zakken en dompel ze onder in het waterbad. Kook gedurende 1 uur en 30 minuten.

Als de tijd om is, haal je de kip eruit en dep je hem droog met keukenpapier. Bewaar de kooksappen. Verhit een pan op hoog vuur en giet er sappen in. Kook 10 minuten tot het is ingekookt. Snijd de kip in stukjes en voeg toe aan de saus. Kook gedurende 2-3 minuten. Serveer onmiddellijk.

Kippenborst Met Parmezaanse Kaas

Bereidings- en kooktijd: 65 minuten | Porties: 4

Ingrediënten:

2 kipfilets, zonder vel en zonder bot
1 ½ kopje basilicumpesto
½ kopje macadamianoten, gemalen
¼ kopje Parmezaanse kaas, geraspt
3 el olijfolie

routebeschrijving:

Maak een waterbad, doe er sous vide in en zet het op 65 F. Snijd de kip in hapklare stukjes en bestrijk ze met pesto. Leg de kip plat in twee aparte vacuümzakken zonder ze te overlappen.

Laat leeglopen door de waterverplaatsingsmethode en sluit de zakken. Dompel ze onder in het waterbad en stel de timer in op 50 minuten. Zodra de timer is gestopt, verwijdert u de zakken en maakt u ze los.

Leg de stukken kip op een bord zonder het sap. Verdeel de macadamianoten en kaas erover en verdeel goed. Zet een pan op hoog vuur, voeg olijfolie toe. Als de olie is opgewarmd, schroei je de gepaneerde kip snel aan alle kanten gedurende 1 minuut dicht. afvoer vet. Serveer als voorgerecht.

Gehakt Met Tomaten

Bereidings- en kooktijd: 100 minuten | Porties: 4

Ingrediënten:

1 pond gemalen kip

2 el tomatenpuree

¼ kopje kippenbouillon

¼ kopje tomatensap

1 el witte suiker

1 tl tijm

1 el uienpoeder

½ tl oregano

routebeschrijving:

Zet een waterbad klaar en doe de sous vide erin. Aanpassen aan 147F.

Klop alle ingrediënten behalve de kip in een pan. Kook gedurende 2 minuten op middelhoog vuur. Breng over in een vacuüm afsluitbare zak. Laat leeglopen door de waterverplaatsingsmethode, sluit de zak en dompel hem onder in een bad. Kook 80 minuten. Als u klaar bent, verwijdert u de zak en snijdt u deze in plakjes. Serveer warm.

Stoofpotje van kip met champignons

Bereidings- en kooktijd: 1 uur 5 minuten | Porties: 2

Ingrediënten:

2 middelgrote kippendijen, zonder vel

½ kopje vuur geroosterde tomaten, in blokjes gesneden

½ kopje kippenbouillon

1 eetl tomatenpuree

½ kopje champignons, gehakt

1 middelgrote stengel bleekselderij

1 kleine wortel, in stukjes gesneden

1 kleine ui, gesnipperd

1 el verse basilicum, fijngehakt

1 teentje knoflook, geplet

Zout en zwarte peper naar smaak

routebeschrijving:

Maak een waterbad, doe er sous vide in en zet het op 129 F. Wrijf de dijen in met zout en peper. Aan de kant zetten. Snijd de bleekselderij in stukken van ongeveer een centimeter lang.

Doe het vlees in een grote vacuümzak samen met de ui, wortel, champignons, bleekselderij en vuurgeroosterde tomaten. Dompel de afgesloten zak onder in het waterbad en stel de timer in op 45 minuten.

Zodra de timer is gestopt, haalt u het zakje uit het waterbad en opent u het. Het vlees moet gemakkelijk van het bot kunnen scheiden, dus verwijder de botten.

Verhit wat olie in een middelgrote pan en voeg knoflook toe. Bak onder voortdurend roeren circa 3 minuten kort aan. Voeg de inhoud van het sachet, de kippenbouillon en de tomatenpuree toe. Breng het aan de kook en zet het vuur middelhoog. Laat nog 5 minuten sudderen, af en toe roeren. Serveer bestrooid met basilicum.

Makkelijkste niet-gebraden kipfilet

Bereidings- en kooktijd: 75 minuten | Porties: 3

Ingrediënten:

1 pond kipfilet zonder been
Zout en zwarte peper naar smaak
1 tl knoflookpoeder

routebeschrijving:

Maak een waterbad, doe er sous vide in en zet het op 150 F. Dep de kipfilets droog en breng op smaak met zout, knoflookpoeder en peper. Plaats de kip in een vacuümzak, laat leeglopen met behulp van de waterverplaatsingsmethode en sluit af.

Voeg toe aan het water en zet de timer op 1 uur koken. Zodra de timer is gestopt, verwijdert u het zakje en maakt u de sluiting los. Verwijder de kip en laat afkoelen voor later gebruik.

Oranje kippenboutjes

Bereidings- en kooktijd: 2 uur | Porties: 4

Ingrediënten:

2 pond kippendijen
2 kleine Spaanse pepers, fijngehakt
1 kop kippenbouillon
1 ui, gesnipperd
½ kopje vers geperst sinaasappelsap
1 tl sinaasappelextract, vloeibaar
2 el plantaardige olie
1 theelepel BBQ-kruidenmix
Verse peterselie voor garnering

routebeschrijving:

Maak een waterbad, doe er sous vide in en zet het op 167 F.

Verhit olijfolie in een grote pan. Voeg de gesnipperde uien toe en roerbak op middelhoog vuur gedurende 3 minuten tot ze glazig zijn.

Meng in een keukenmachine het sinaasappelsap met de chilipeper en het sinaasappelextract. Pulseer tot goed gemengd. Giet het mengsel in een pan en zet het vuur laag. Laat 10 minuten sudderen.

Bestrijk de kip met barbecue-kruidenmix en doe in een pan. Giet de kippenbouillon erbij en kook tot de helft van het vocht is verdampt. Doe in een grote vacuümzak en sluit af. Dompel de zak onder in het waterbad en kook gedurende 45 minuten. Zodra de timer is gestopt, haalt u het zakje uit het waterbad en opent u het. Garneer met verse peterselie en serveer.

Tijm Kip Met Citroen

Bereidings- en kooktijd: 2 uur 15 minuten | Porties: 3

Ingrediënten:

3 kippendijen

Zout en zwarte peper naar smaak

3 schijfjes citroen

3 takjes tijm

3 eetlepels olijfolie om in te bakken

routebeschrijving:

Maak een waterbad, doe er sous vide in en zet het op 165 F. Kruid de kip met peper en zout. Garneer met schijfjes citroen en takjes tijm. Plaats ze in een vacuümzak, laat ze leeglopen met behulp van het waterverplaatsingsproces en sluit de zak. Duik in de waterzak en zet de timer op 2 uur.

Zodra de timer is gestopt, verwijdert u het zakje en maakt u de sluiting los. Verhit olijfolie in een gietijzeren braadpan op hoog vuur. Leg de kippendijen met het vel naar beneden in de pan en schroei goudbruin. Garneer met extra partjes citroen. Serveer met een kant van bloemenrijst.

Peper Kip Salade

Bereidings- en kooktijd: 1 uur 15 minuten | Porties: 4

Ingrediënten:

4 kipfilets, zonder bot en zonder vel

¼ kopje plantaardige olie plus drie eetlepels voor de salade

1 middelgrote ui, geschild en fijngehakt

6 kerstomaatjes, gehalveerd

Zout en zwarte peper naar smaak

1 bakje sla, fijngehakt

2 el vers geperst citroensap

routebeschrijving:

Maak een waterbad, doe er sous vide in en zet het op 149 F.

Spoel het vlees goed af onder koud water en dep droog met keukenpapier. Snijd het vlees in hapklare stukjes en doe het in een vacuümzak met ¼ kopje olie en sluit af. Dompel de zak onder in het waterbad. Zodra de timer is gestopt, haal je de kip uit de zak, dep droog en laat afkoelen tot kamertemperatuur.

Meng in een grote kom de ui, tomaten en sla. Voeg als laatste de kipfilet toe en breng op smaak met drie eetlepels olie, citroensap en een snufje zout. Garneer met Griekse yoghurt en olijven. Het is echter optioneel. Serveer koud.

hele kip

Bereidings- en kooktijd: 7 uur 15 minuten | Porties: 6

Ingrediënten:

1 (5 lb) volle kip, vastgebonden

5 kopjes kippenbouillon

3 kopjes gemengde paprika's, in blokjes gesneden

3 kopjes bleekselderij, in blokjes

3 kopjes prei, in blokjes gesneden

1¼ theelepel zout

1 ¼ tl zwarte peperkorrels

2 laurierblaadjes

routebeschrijving:

Maak een waterbad, doe er sous vide in en zet het op 150 F. Kruid de kip met zout.

Doe alle vermelde ingrediënten en de kip in een grote vacuümzak. Laat leeglopen door de waterverplaatsingsmethode en verzegel de vacuümzak. Laat het waterbad vallen en stel de timer in op 7 uur.

Bedek het water met een plastic zak om verdamping te verminderen en giet om de 2 uur water in het bad. Zodra de timer is gestopt, verwijdert u het zakje en maakt u de sluiting los. Verwarm een grill voor, verwijder voorzichtig de kip en dep droog. Leg de kip in de grill en rooster tot de huid goudbruin is. Laat de kip 8 minuten rusten, snij in plakken en serveer.

Makkelijk pittige kippendijen

Bereidings- en kooktijd: 2 uur 55 minuten | Porties: 6

Ingrediënten:

1 pond kippendijen, met bot erin
3 el boter
1 el cayennepeper
Zout naar smaak

routebeschrijving:

Maak een waterbad, doe er sous vide in en zet het op 165 F. Kruid de kip met peper en zout. Doe de kip in een vacuümzak met een eetlepel boter. Laat leeglopen door de waterverplaatsingsmethode, sluit de zak en dompel hem onder in het waterbad. Stel de timer in op 2 uur en 30 minuten.

Zodra de timer is gestopt, verwijdert u het zakje en opent u het. Verwarm een grill voor en smelt de resterende boter in de magnetron. Vet het grillrooster in met wat boter en bestrijk de kip met de resterende boter. Bak tot een donkerbruine kleur is bereikt. Serveer als tussendoortje.

Buffalo kippenvleugels

Bereidings- en kooktijd: 1 uur en 20 minuten | Porties: 6

Ingrediënten:

3 pond kippenvleugels

3 theelepels zout

2 tl gemalen knoflook

2 el gerookt paprikapoeder

1 tl suiker

½ kopje hete saus

5 el boter

2 ½ kopje amandelmeel

Olijfolie om te frituren

routebeschrijving:

Maak een waterbad, doe er sous vide in en zet het op 144 F.

Combineer de vleugels, knoflook, zout, suiker en gerookte paprika. Verdeel gelijkmatig over de kip. Plaats in een grote vacuümzak, laat leeglopen door waterverplaatsing en sluit de zak.

Duik in het water. Stel de timer in op een kooktijd van 1 uur. Zodra de timer is gestopt, verwijdert u het zakje en maakt u de sluiting los. Giet bloem in een grote kom, voeg kip toe en gooi om te coaten.

Verhit olie in een pan op middelhoog vuur, bak de kip goudbruin. Haal eruit en zet opzij. Smelt de boter in een andere pan en voeg de hete saus toe. Bestrijk de vleugels met boter en hete saus. Serveer als voorgerecht

Gehakte Kippasteitjes

Bereidings- en kooktijd: 3 uur 15 minuten | Porties: 5

Ingrediënten:

½ pond kippenborsten, zonder vel en zonder bot
½ kopje macadamianoten, gemalen
⅓ kopje olijfoliemayonaise
3 groene uien, fijngehakt
2 el citroensap
Zout en zwarte peper naar smaak
3 el olijfolie

routebeschrijving:

Maak een waterbad, doe er sous vide in en zet het op 165 F. Plaats de kip in een vacuümzak, laat leeglopen met behulp van de waterverplaatsingsmethode en sluit af. Plaats de zak in het waterbad en stel de timer in op 3 uur. Zodra de timer is gestopt, verwijdert u het zakje en maakt u de sluiting los.

Snijd de kip in stukjes en doe ze samen met alle andere ingrediënten behalve de olijfolie in een kom. Meng gelijkmatig en maak pasteitjes. Verhit olijfolie in een pan op middelhoog vuur. Voeg de pasteitjes toe en bak ze aan beide kanten goudbruin.

Kippendijen met wortelpuree

Bereidings- en kooktijd: 60 minuten | Porties: 5

Ingrediënten:

2 pond kippendijen

1 kop wortelen, in dunne plakjes gesneden

2 el olijfolie

¼ kopje fijngehakte ui

2 kopjes kippenbouillon

2 el verse peterselie, fijngehakt

2 geperste knoflookteentjes

Zout en zwarte peper naar smaak

routebeschrijving:

Maak een waterbad, doe er sous vide in en zet het op 167 F. Was de kippendijen onder koud stromend water en dep droog met keukenpapier. Aan de kant zetten.

Meng in een kom 1 eetlepel olijfolie, peterselie, zout en peper. Roer goed door en bedek de drumsticks royaal met het mengsel. Doe in een grote vacuümzak en vul aan met kippenbouillon. Knijp in de zak om de lucht te verwijderen. Sluit de zak en plaats in het waterbad en stel de timer in op 45 minuten. Zodra de timer is gestopt, haal je de dijen uit de zak en dep je ze droog. Bewaar het kookvocht.

Bereid ondertussen de wortels voor. Doe in een blender en pureer. Aan de kant zetten.

Verhit de resterende olijfolie in een grote koekenpan op middelhoog vuur. Voeg de knoflook en ui toe en bak ongeveer 1-2 minuten, of tot ze zacht zijn. Voeg de kippendijen toe en bak 2-3 minuten, keer ze af en toe om. Proef de gaarheid, pas de kruiden aan en voeg dan de bouillon toe. Breng aan de kook en haal van het fornuis. Leg de dijen op een serveerschaal en garneer met wortelpuree en bestrooi met peterselie.

Citroenkip met munt

Bereidings- en kooktijd: 2 uur 40 minuten | Porties: 3

Ingrediënten:

1 pond kippendijen, zonder bot en vel

¼ kopje olie

1 el vers geperst citroensap

2 teentjes knoflook, geperst

1 theelepel gember

½ tl cayennepeper

1 tl verse munt, fijngehakt

½ tl zout

routebeschrijving:

Meng in een kleine kom olijfolie met citroensap, knoflook, gemalen gember, munt, cayennepeper en zout. Besmeer elk been royaal met dit mengsel en zet het minstens 30 minuten in de koelkast.

Haal de dijen uit de koelkast. Plaats in een grote vacuümzak en kook gedurende 2 uur op 149F. Haal uit de vacuümzak en serveer direct met bosui.

Kip Met Kersenjam

Bereidings- en kooktijd: 4 uur 25 minuten | Porties: 4

Ingrediënten

2 pond kip met been en vel

4 el kersenjam

2 el gemalen nootmuskaat

Zout en zwarte peper naar smaak

routebeschrijving

Zet een waterbad klaar en doe de sous vide erin. Aanpassen aan 172F. Kruid de kip met peper en zout en meng met de overige ingrediënten. Doe in een vacuümzak. Laat leeglopen door de waterverplaatsingsmethode, sluit de zak en dompel hem onder in het waterbad. Kook 4 uur.

Zodra de timer is gestopt, verwijdert u de zak en plaatst u deze in een ovenschaal. Verwarm de oven tot 450 F en rooster gedurende 10 minuten tot ze knapperig zijn. Leg op een bord en serveer.

Zoet Pittige Kippenpoten

Bereidings- en kooktijd: 2 uur 20 minuten | Porties: 3

Ingrediënten:

½ el suiker

½ kopje sojasaus

2 ½ tl gember, fijngehakt

2 ½ tl knoflook, gehakt

2 ½ tl rode chilipuree

¼ lb kleine kippendijen, zonder vel

2 el olijfolie

2 el sesamzaadjes voor garnering

1 lente-ui, fijngehakt voor garnering

Zout en zwarte peper naar smaak

routebeschrijving:

Maak een waterbad, doe er sous vide in en zet het op 165 F. Wrijf de kip in met zout en peper. Plaats de kip in een vacuümzak, laat leeglopen door waterverplaatsing en sluit af.

Plaats de zak in het waterbad en stel de timer in op 2 uur. Zodra de timer is gestopt, verwijdert u het zakje en maakt u de sluiting los. Meng in een kom de resterende vermelde ingrediënten behalve olijfolie. Aan de kant zetten. Verhit de olie in een pan op middelhoog vuur, voeg de kip toe.

Als beide kanten lichtbruin zijn, voeg je de saus toe en bestrijk je de kip ermee. Kook 10 minuten. Garneer met sesamzaadjes en lente-uitjes. Serveer met bloemkoolrijst als bijgerecht.

gevulde kipfilet

Bereidings- en kooktijd: 1 uur 15 minuten | Porties: 5

Ingrediënten:

2 pond kipfilets, zonder vel en zonder bot
2 el verse peterselie, fijngehakt
2 el verse basilicum, fijngehakt
1 groot ei
½ kopje lente-uitjes, gehakt
Zout en zwarte peper naar smaak
2 el olijfolie

routebeschrijving:

Maak een waterbad, doe er sous vide in en zet het op 165 F. Was de kipfilets grondig en dep droog met keukenpapier. Breng op smaak met wat peper en zout en zet apart.

Meng in een kom het ei, peterselie, basilicum en lente-uitjes. Roer tot alles goed is opgenomen. Leg de kipfilets op een schoon oppervlak en schep het eimengsel in het midden. Vouw de borsten om om ze af te sluiten. Plaats borsten in een aparte vacuümzak en knijp om lucht te verwijderen. Sluit het deksel en plaats in het voorbereide waterbad. Kook en sous vide gedurende 1 uur. Zodra de timer is gestopt, verwijdert u de kipfilets. Verhit olie in een pan op middelhoog vuur. Voeg kipfilets toe en schroei 2 minuten per kant.

Lekkere kip

Bereidings- en kooktijd: 2 uur 40 minuten | Porties: 8

Ingrediënten:

1 kip van vijf pond, heel

3 el citroensap

½ kopje olijfolie

6 laurierblaadjes, gedroogd

2 el rozemarijn, gekneusd

3 el gedroogde tijm

2 el kokosolie

¼ kopje citroenschil

3 teentjes knoflook, gehakt

Zout en zwarte peper naar smaak

routebeschrijving:

Maak een waterbad, doe er sous vide in en zet het op 149 F. Spoel de kip goed af onder koud stromend water en dep droog met keukenpapier. Aan de kant zetten.

Meng in een kleine kom olijfolie, zout, citroensap, gedroogde laurierblaadjes, rozemarijn en tijm. Vul de kipholte met schijfjes citroen en dit mengsel.

Combineer in een andere kom kokosolie met citroenschil en knoflook. Scheid de huid van de kip van het vlees. Wrijf dit mengsel onder de huid en doe het in een grote plastic zak. Zet 30 minuten in de koelkast. Haal uit de koelkast en doe in een grote vacuümzak. Plaats de zak in het waterbad en stel de timer in op 2 uur.

Mediterrane kippendijen

Bereidings- en kooktijd: 1 uur 40 minuten | Porties: 3

Ingrediënten:

1 pond kippendijen

1 kopje olijfolie

½ kopje vers geperst limoensap

½ kopje peterselieblaadjes, fijngehakt

3 teentjes knoflook, geperst

1 el cayennepeper

1 tl gedroogde oregano

1 tl zeezout

routebeschrijving:

Spoel het vlees af onder koud stromend water en laat het uitlekken in een groot vergiet. Meng in een kom olijfolie met limoensap, gehakte peterselie, geplette knoflook, cayennepeper, oregano en zout. Doop de filets in dit mengsel en dek af. Zet 30 minuten in de koelkast.

Haal het vlees uit de koelkast en laat het uitlekken. Plaats in een grote vacuümverpakking en kook sous vide op 167 F gedurende 1 uur.

Kipfilet Met Harissa Saus

Bereidings- en kooktijd: 65 minuten | Porties: 4

Ingrediënten

1 pond kipfilet, in blokjes
1 stengel vers citroengras, gehakt
2 el vissaus
2 el kokossuiker
Zout naar smaak
1 el harissasaus

routebeschrijving

Zet een waterbad klaar en doe de sous vide erin. Aanpassen aan 149F. In een blender pulse citroengras, vissaus, suiker en zout. Marineer de kip in de saus en vorm spiesjes. Doe het in een vacuümzak. Laat leeglopen door de waterverplaatsingsmethode, sluit de zak en dompel hem onder in het waterbad. Kook 45 minuten.

Zodra de timer is gestopt, verwijdert u het zakje en plaatst u het in een koudwaterbad. Verwijder de kip en meng met harissasaus. Verhit een koekenpan op middelhoog vuur en schroei de kip dicht. Toeslag.

Knoflook Kip Met Champignons

Bereidings- en kooktijd: 2 uur 15 minuten | Porties: 6

Ingrediënten:

2 pond kippendijen zonder vel

1 pond cremini-champignons, in plakjes

1 kop kippenbouillon

1 teentje knoflook, geplet

4 el olijfolie

½ tl uienpoeder

½ tl gedroogde salieblaadjes

¼ tl cayennepeper

Zout en zwarte peper naar smaak

routebeschrijving:

Was de dijen grondig onder koud stromend water. Dep droog met keukenpapier en zet opzij. Verhit de olijfolie in een grote pan op middelhoog vuur. Braad beide kanten van de kippendijen 2 minuten aan. Haal uit de pan en zet opzij.

Voeg nu de knoflook toe en bak deze lichtbruin. Roer de champignons erdoor, giet de bouillon erbij en kook tot het kookt. Haal uit de pan en zet opzij. Kruid de dijen met zout, peper, cayennepeper en uienpoeder. Doe in een grote vacuümzak samen met de champignons en salie. Sluit de zak en kook sous vide op 149 F gedurende 2 uur.

Kippendijen met kruiden

Bereidings- en kooktijd: 4 uur 10 minuten | Porties: 4

Ingrediënten:

1 pond kippendijen

1 kopje extra vergine olijfolie

¼ kopje appelazijn

3 teentjes knoflook, geperst

½ kopje vers geperst citroensap

1 el verse basilicum, gehakt

2 el verse tijm, gehakt

1 el verse rozemarijn, fijngehakt

1 tl cayennepeper

1 theelepel zout

routebeschrijving:

Spoel het vlees af onder koud stromend water en doe het in een groot vergiet om uit te lekken. Aan de kant zetten.

Meng in een grote kom olijfolie, appelciderazijn, knoflook, citroensap, basilicum, tijm, rozemarijn, zout en cayennepeper. Doop de dijen in dit mengsel en zet ze een uur in de koelkast. Haal het vlees uit de marinade en laat uitlekken. Plaats in een grote vacuümzak en kook sous vide op 149 F gedurende 3 uur.

Kippenpudding met artisjokharten

Bereidings- en kooktijd: 1 uur en 30 minuten | Porties: 3

Ingrediënten:

1 pond kipfilets, zonder bot en vel

2 middelgrote artisjokken

2 el boter

2 eetlepels extra vergine olijfolie

1 citroen, geperst

Een handvol verse bladpeterselie, fijngehakt

Zout en zwarte peper naar smaak

½ tl Spaanse peper

routebeschrijving:

Spoel het vlees goed af en dep droog met keukenpapier. Snijd het vlees met een scherp schilmesje in kleinere stukken en verwijder de botten. Wrijf in met olijfolie en zet opzij.

Verhit de koekenpan op middelhoog vuur. Zet het vuur iets lager tot medium en voeg het vlees toe. Bak in 3 minuten aan beide kanten goudbruin. Haal van het vuur en plaats in een grote vacuümzak. Sluit de zak en kook sous vide op 149 F gedurende een uur.

Bereid ondertussen de artisjok voor. Halveer de citroen en pers het sap uit in een kleine kom. Halveer het sap en zet apart. Snijd met een scherp schilmesje de buitenste bladeren af tot je bij de gele en zachte bladeren komt. Snijd de groene schil rond de onderkant van de artisjok af en stoom. Zorg ervoor dat u het "haar" rond het artisjokhart verwijdert. Ze zijn oneetbaar, dus gooi ze gewoon weg.

Snijd de artisjok in stukjes van een halve centimeter. Wrijf in met de helft van het citroensap en doe in een pan met dikke bodem. Voeg voldoende water toe om te bedekken en kook tot het helemaal gaar is. Haal van het vuur en laat uitlekken. Even laten afkoelen op kamertemperatuur. Snijd elk stuk in dunne reepjes.

Combineer nu artisjok met kip in een grote kom. Roer zout, peper en het resterende citroensap erdoor. Smelt de boter op middelhoog vuur en sprenkel over de pudding. Bestrooi met chili en serveer.

Amandel Butternut Squash & Kip Salade

Bereidings- en kooktijd: 1 uur 15 minuten | Porties: 2

Ingrediënten

6 kipfilets

4 kopjes flespompoen, in blokjes gesneden en geroosterd

4 kopjes rucola-tomaten

4 eetlepels gesneden amandelen

sap van 1 citroen

2 el olijfolie

4 el rode ui, gesnipperd

1 eetl paprika

1 el kurkuma

1 el komijn

Zout naar smaak

routebeschrijving

Zet een waterbad klaar en doe de sous vide erin. Aanpassen aan 138F.

Doe de kip en eventuele kruiden in een vacuümzak. Goed schudden. Laat leeglopen door de waterverplaatsingsmethode, sluit de zak en dompel hem onder in het waterbad. Kook gedurende 60 minuten.

Zodra de timer is gestopt, verwijdert u de zak en plaatst u deze in een verwarmde koekenpan. Bak 1 minuut aan elke kant. Meng in een kom de overige ingrediënten. Serveer met kip erop.

Salade van kip en walnoten

Bereidings- en kooktijd: 2 uur 20 minuten | Porties: 4

Ingrediënten

2 kippenborsten zonder vel, zonder bot

Zout en zwarte peper naar smaak

1 el maisolie

1 appel, klokhuis verwijderd en in blokjes gesneden

1 tl limoensap

½ kopje witte druiven, gehalveerd

1 stengel bleekselderij, in blokjes

1/3 kopje mayonaise

2 theelepels Chardonnay-wijn

1 tl Dijon-mosterd

1 krop Romeinse sla

½ kopje walnoten, geroosterd en gehakt

routebeschrijving

Zet een waterbad klaar en doe de sous vide erin. Aanpassen aan 146F.

Doe de kip in een vacuümzak en kruid met peper en zout. Laat leeglopen door de waterverplaatsingsmethode, sluit de zak en dompel hem onder in het waterbad. Kook gedurende 2 uur.

Zodra de timer is gestopt, verwijdert u de zak en gooit u het kookvocht weg. Meng in een grote kom appelschijfjes met limoensap. Voeg bleekselderij en witte druiven toe. Goed mengen.

Roer in een andere kom mayonaise, Dijon-mosterd en Chardonnay-wijn door elkaar. Giet het mengsel over het fruit en meng goed. Snijd de kip in stukjes en doe ze in een middelgrote kom, breng op smaak met zout en meng goed. Doe de kip in de slakom. Verdeel de snijsla over slakommen en leg de sla erop. Garneer met walnoten.

www.ingramcontent.com/pod-product-compliance
Lightning Source LLC
Chambersburg PA
CBHW070413120526
44590CB00014B/1374